홍성남 신부의
거꾸로 보는 종교

지은이 **홍성남**

1987년에 사제서품을 받은 뒤, 잠실·명동·마석·학동·상계동·가좌동 성당을 거쳐, 현재 가톨릭영성심리상담소 소장으로 일하고 있다. 나를 더 알고자 가톨릭대학교 상담 심리 대학원에서 영성 상담을 전공하고 가톨릭영성심리 1급을 취득했다. 2011년부터 그루터기영성심리상담센터에서 지도신부를 맡고 있다. 그리고 영성 심리를 통해 심리적으로 불편했던 것들이 풀리는 경험을 했다. 이를 계기로 내적으로 힘들어하는 사람들을 위한 상담은 물론, 강연과 집필, 방송 등을 통해 다양한 사람들과 만나고 있다. KBS 1TV「아침마당」에 출연해 더 많은 대중들과 소통하며 화제를 모으기도 했다. 평화방송(현 가톨릭평화방송) 라디오「홍성남 신부의 속풀이 칼럼」, 평화방송 TV「따뜻한 동행」 등에서 영성 심리 상담을 했고, 평화신문(현 가톨릭평화신문)을 통해「아! 어쩌나」라는 상담 칼럼을 연재했다. 저서로는「화나면 화내고 힘들 땐 쉬어」,「아! 어쩌나-신앙생활편」,「아! 어쩌나-자존감편」,「아! 어쩌나-영성심리편」,「풀어야 산다」,「행복을 위한 탈출」,「나로 사는 걸 깜빡했어요」,「홍성남의 배꼽잡고 천국가기」 등이 있다.

홍성남 신부의

거꾸로 보는 종교

홍성남 지음

솔과학

목차

나의 길, 나의 글쓰기 | 서문 … 13

첫 번째 이야기방 … 19

믿음, 태풍처럼 몰아치는 불안에 시달리는
자아가 뒤집히지 않게 도와준다.

종교의 경직성 • 20
돈벌이 • 21
비난 • 24
구원 • 27
신앙의 역설 • 29
권력욕 • 31
종교무용론 • 34
도피적 언어 • 36
장례미사 • 38
미얀마 불자 • 41
악과의 전쟁 • 43
일본 신자와 한국 신자의 차이 • 46
항상 깨어 기도함이란 • 48
유럽 페스트 • 50
닭장 • 53
구원의 조건 • 58
주님의 존재성 • 61
성경이란? • 63
전교? • 65
루터 선배 • 67
생각 수준 • 69
굳센 믿음 • 72

두 번째 이야기방 … 77

영성생활, 서로가 존중하고 배려해야 함께
살 수 있음을 배워가는 것이다.

선민의식 • 78
마음을 비우라 • 81
순종 콤플렉스 • 84
영적인 삶 • 87
기도 • 90
순교자분들의 죽음 • 92
주님께 은총 받으려면 어떻게 살아야 하나요? • 96
마녀사냥 • 98
꼰대 • 101
자기마음 돌보기 • 106
감사기도는 언제? • 108
잔인한 용어 • 109
캐나다 원주민 어린이 학살사건 • 112
영성생활 • 113
자존감 • 115
경험 • 118
종교적 무지 • 122
양가감정 • 124
정서적 폭력배 • 126
'나'라는 사람 • 129
신부님도 외로워요 • 132
부자의 빛 • 135

목차

세 번째 이야기방… 139
사람, 사람에게는 사람이 보약이다.

사람은 나무 같다 • 140
멋진 노인 • 142
사람이 보약 • 144
다들 마음은 고아 • 148
감정의 사막화 현상 • 151
살맛나는 세상 • 157
바르게 사는 것과 친절하게 사는 것 • 159
독재자들의 공통점 • 160
편견 깨기 • 162
나이 들어갈수록 • 164
죄가 아닌 걸 죄라고 • 166
기도와 노동 • 170
열려있어야 • 173
사람 공부 • 176
심리분석가들은 음식 감별사와 비슷하다 • 181
연쇄살인범 • 184
69세 • 189
존경스런 사람 • 191
신종사기꾼 • 194
중국 묘족 의사 이야기 • 196
유머가 없는 자리 • 198
마음의 스펙트럼 • 200

네 번째 이야기방 … 203
관계, 사람은 항해하는 배와 같다.

    라디오 상담 • 204
    가슴이 벌렁 • 206
    과거와 다른 나 • 212
    그것이 궁금하다 • 215
    험담 • 221
    노인분과 늙은이 • 223
    중국 신자들 • 225
    가짜뉴스 • 227
    현대인들 • 228
    성장 과정 • 230
    서툰 시 • 233
    바꿀 수 없는 몸 • 236
    정치인들 • 239
    남성 트로트 가수 선발전 • 241
    함께할 수 있는 사람 • 243
    대화 • 245
    요딴 식으로 ㅋㅋ • 246
    부모 • 248
    사람 마음 • 250
    자식에 대한 엄마의 걱정 • 253
    부모와 자식 관계 • 255
    불만 • 257

목차

다섯 번째 이야기방 … 261
영성심리, 하느님은 자기마음을 통해 알 수 있다.

따로국밥 • 262
바보들 • 263
영성심리 • 264
심리적 의료사고 • 269
자리 • 274
도인 • 277
감정 표현 • 280
거룩한 삶 • 282
질문이 허용되지 않는 대학강의 • 285
모가디슈 • 287
정치의 최상은 덕치 최악은 법치, 법치가 판치는 세상 • 289
잃어야 얻는다 • 292
Cogito, ergo sum • 294
이해가 안 되는 인간 • 296
남편이나 챙기시지 • 299
학습된 무기력증 • 302
마스크 쓴 강의 • 305
뒷담화 • 308
상담 공부 • 309
자기마음 들여다보기 • 314
마귀탓 • 319
오직 성서만 • 321

여섯 번째 이야기방 … 329
사제, 세상 한가운데 우뚝 서 있는 등대들
세상 속으로 더 깊이 돌아가다.

섬기는 자 • 330
그릇의 크기 • 332
나는 욕먹고 사는 신부다 • 335
세상을 가까이하려는 것이다 • 338
조언하지 마세요 • 341
고해성사 • 344
교회 안의 탈레반 • 347
사제와 무당 • 350
일석삼조 • 354
본당신부님들의 강론 • 359
달라진 게 없다 • 365
본당에서 개인상담을 해도 되냐고 묻는 신부님께 • 366
내면 • 369
그것이 알고 싶다 • 371
신부님도…? • 375
신부님은…? • 379
사제 갑질 • 388
주상배 신부님 • 391
늘 기도하고 공부해야 하는 신앙인들 • 394
신부님은 어떤 사람? • 396
수도자들을 위한 조언 • 398
수도자 • 403

목차

일곱 번째 이야기방 … 409
나눔, 부작용 없는 혁명이며 변화의
완결판을 만드는 길이다.

- 만병통치약 • 410
- 나눔 • 417
- 언어 • 419
- 훈수 • 421
- 핑계보다 방법 찾기 • 422
- 열려있음과 닫혀있음 • 424
- 노숙자 • 425
- 어떤 중년 • 426
- 구호단체 • 427
- 내어놓는 삶 • 430
- 탁월한 선택 명동밥집 • 435
- 입 다무시오 • 437
- 어제 부산 마리아 수녀님들을 만났다 • 441
- 평화방송 시사프로 자리에서 우연히 만난 마리아회 수녀님 • 446
- 착한 신자분들 • 451
- 선행 • 453
- 우리가 낸 세금은 이런 곳에 • 456
- 미래를 위해 사는 소리 없는 사람들 • 458
- 성인이란? • 459
- 큰소유 • 463

여덟 번째 이야기방 … 467

마음공부, 신자들 마음 안으로 들어가서
곪아 터진 상처들을 돌보고자 한다.

상담심리를 공부하기 전 • 468
상담가는 어떤 사람? • 476
심리학 • 479
반동형성 • 481
해소와 분석 • 483
부모자격시험 • 485
진상 내담자 • 488
기준 • 491
커피 한 잔의 여유 • 493
자기처벌 • 495
힘들 땐 전화해 • 497
어쩌다 여기까지 • 500
사람 마음 • 502
이런 날은 • 505
음악 • 507
화투 • 511
내 안의 소리 • 515
나처럼 살아봐 • 522
일반상담이 아닌 심리해부 • 524
심리검사 • 527
심리적 건강 • 530
신앙과 상담의 관계 • 532

목차

아홉 번째 이야기방 … 535
삶, 인생이라는 내 안의 나무를 키우는 것이다.

상담가로 일하면서 얻게 된 것들 • 536
극단적 원칙주의자들 • 542
자화자찬하는 사람들 • 546
욕망 • 548
몰입 • 550
그러거나 말거나 • 551
싸가지 • 555
공백 • 558
거리두기 • 559
죄 • 561
삶의 의미 • 563
바꿀 수 없는 몸 • 565
역사공부 • 568
건강한 교육 • 570
인생 성공 • 574
용서 • 576
낮은 자리 • 577
총알택시보다 무서운 ㅎㅎ • 579
늙어가는 마음 • 580
핑계를 대는 사람들 • 581
헐값 • 583

나의 길, 나의 글쓰기

서문

 신부님은 왜 그렇게 신자들을 불편하게 하는 글을 쓰세요?

 자주 듣는 이야기이다. 사람 마음 공부 하기 전에는 나도 신자들 입맛에 맞추는 강론을 하였다. 감미로운 프란치스꼬 성인의 아름다운 마음과 같은 이야기들을 주로. 그러면서 영적 귀족이 되어갔다. 어둡고 비참한 현실은 쳐다보지도 않고 허공 중에 떠서 영적 허풍을 떨며 살았다. 기도발이 쎈 양, 내가 뭐라도 되는 양.

 그러다가 집단상담 시간에 무참히 깨졌다. 내가 못 본 나의 실체에 대한 혹독한 비판들. 나락으로 굴러떨어진 느낌. 그 바닥에서 사람 마음의 실체와 현실을 보았다. 그리고 영적인 사기가 무엇인지도, 내가 그동안 저질러 온 사기 행각도.

 그 후 발을 땅에 딛는 영성의 길을 걸어왔다. 산을 한 걸음씩 오르듯이. 근데 뜬구름 잡는 영성에 중독된 이들이 난리들 한다. 그런 식으로 어떻게 정상까지 갈 수 있냐고. 난 안 간다고 했다. 이렇게 걷는 것만도 좋다고. 나를 싫어하는 것들은 거의 다 영적 허풍쟁이들이거나 경건 콤플렉스자들이거나 가벼운 영적 사기꾼들이다. 또 난리가 날라나.

어쨌든 난 내 길을 간다. 알아주건 말건. 그런데 주교님들께서 불러 주신다. 사제들에게 강의해 달라고.

그래서 수원, 의정부, 부산, 대구, 춘천에서 강의했다. 인천은 몸이 안 좋아서 못 갔고, 올해는 마산교구에 초대받았다. 주교님들과 많은 사제들이 내 이야기에 공감해주는데 아직도 시비 거는 이들은 누구인지 궁금하다.

나는 오늘도 길을 만들며 간다.
옆에서 왜 길이 없는 데로 가냐고 하건 말건.

내게 글쓰기는 전쟁이다.
아름다움을 표현하는 문학적 목적이 아닌 사람들의 마음 안에 또아리 틀고 사람들을 지옥으로 몰아가는 악한 말들을 쫓아내기 위한 글들이다. 그래서 거칠고 호전적이다. 마치 마귀를 쫓아내려고 하는 구마사제처럼. 나

역시 그런 마음가짐으로 글을 쓴다. 그래서 글 쓰고 난 자리는 전장터처럼 너저분하다. 널부러진 종이 조각들을 쓸어 담으면서 내 글이 병든 신념의 노예로 사는 사람들에게 탈출의 힘이 되길 기도한다.

그런데 작업을 하면서 종교인들이 신자들 마음 안에 뿌린 병적인 말들이 얼마나 지독하고 고약한지를 새삼 느낀다. 종교인을 하느님의 대리자로 보는 신자들일수록 증세가 더 심하다. 그래서 종교인들은 정기적으로 자기 멘탈을 점검해야 한다.

상담가로 일하면서 얻게 된 것들.

사람들의 이야기를 듣다 보면 그 사람 안의 아이가 느껴집니다. 때로 영상처럼 보이기도 합니다. 어린 시절 동네 골목에서 놀던 아이들의 모습, 맞지 않는 큰 어른의 옷을 입은 눈에 눈물자욱 선명한 아이들이 보입니다. 그래서 상담 후에는 한동안 마음이 짠합니다.

이제 상담가로 일한 지 이십 년이 넘었습니다. 언제부터인가 사람들이 나무로 보이기 시작했습니다. 여러 가지 형태의 나무, 자라지 못한 나무, 벼락에 맞아 타버린 나무, 돌에 짓눌린 나무, 키는 큰데 나뭇잎이 없이 헐벗은 나무.

아무리 옷으로 직위로 가리려고 해도 가릴 수 없는 것이 자기 실체이지요. 상담을 공부하면서 인생이란 내 안의 나무를 키우는 것이구나 하는 생각이 점점 더 확신이 듭니다.

내가 나에게 묻습니다. 넌 어떤 나무니? 젊은 시절에는 돌에 짓눌리고 땅이 딱딱해서 뿌리도 가지도 약해빠진 나무만 보였습니다. 열등감 무기력감에 짓눌린. 그런데 상담을 통해서 나를 보게 된 후 돌을 깨어 가지를 뻗고 땅을 뚫어 뿌리를 내리기 시작했습니다. 외부의 병적인 신념들, 내 안의 병적인 신념들을 깨고 부수고 자존감 자신감을 키우기 위해 나름 필사적인 노력을 했습니다. 핀잔도, 조롱도, 의심도, 비난도, 시기 질투까지 엄청 많이 받았습니다. 짓눌려서 크지 못한 채 있을 때는 개무시 하던 사람들이 나무가 자라자 다시 예전으로 돌아가라고 폭언을 합니다.

그런데 돌을 깨고 땅을 뚫으면서 자유로운 정신적 쾌감을 맛보고 나니 '니들은 닭장 안에서 그렇게 살아라. 난 창공을 날아 갈란다' 하는 마음이 들더군요.

이제는 상처 입은 사람들에게 작은 그늘, 작은 쉼터,

작은 등대 역할이라도 할 수 있어서 행복하고 만족합니다. 내가 좋아하고 나름 잘하고 인정도 받고 있으니 더 바랄 게 없지요.

   앞으로 할 일은 더 푸르고 더 뿌리 깊은 나무가 되기 위해 더 깊은 공부를 하는 것만 남았습니다.

   긴 세월을 끌어주신 주님
   방황하는 둘째 아들 같았던
   저를
   끝까지 믿어주신
   성모님께 깊은 감사를 드립니다.

2025년 1월

01

첫 번째 이야기방

...

믿음,
태풍처럼 몰아치는 불안에
시달리는 자아가 뒤집히지 않게
도와준다.

기도는 앞이 보이지 않는 암흑 속에서
길잡이가 되어 준다.
종교를 무시하는 것은 금덩어리가
먹을 것이 못 된다고 버리는 사람과 같다.
진정한 성인은 그가 세상을 떠난 후
그리움의 대상이 된 사람이다.
구원의 조건은 아버지가 우리를 하염없이
기다려 주시는 분임을 믿는 것이다.
그런 믿음이 하느님의 집으로 갈 수 있는 용기를 준다.

종교의 경직성

교회 신자가 절에서 훼손을 끼친 것에 대해 개신교 일부가 대응하는 것을 보면서 착잡한 마음이다.
불교를 우상숭배하는 집단으로 보는 시각이다.
이들은 불상뿐만 아니라
때로 성당에도 난입, 성상에 오물을 투척하기도 한다.
이들의 심리적 문제는 무엇인가?
표면상으로는 종교적 우월감인데
그 밑에는 뿌리 깊은 열등감이 존재한다.
공부도 모자라고 지적 능력도 떨어진다는 루저콤플렉스가 선동적이고 공격적인 행동, 저급한 행위로 자기 보상을 받고싶어하는 것이다.

참으로 안 된 사람들이다.
이들은 종교의 문제가 아니라
심리치료의 관점에서 보아야 할 사람들이다.

돈벌이

신부님은 왜 유튜브 광고 안 하세요.
광고 올리면 돈 번다는데
돈에 대한 마음이 없으신가 봐.
종종 듣는 얘기

가난한 마음? 개뿔이다.
무료 상담소를 근근이 운영하니
돈이 아쉽다.
그래도 버텨 버팅기는 건
가좌동 재개발 동네에서
돈에 미친놈들을
숱하게 많이 보고 질려서이다.
불법을 합법으로 가장하고
폭력적으로 밀어붙이는 대형건설사
그 똥구멍 핥아먹는 주변 것들을
오 년 내내 실컷 보았더니
토악질 나서 그렇다.

난들
돈이 싫으리.
그러나
돈이
마음의 주인이 되면
어떤 일이 생기는지
너무나
잘 알기에

그놈이
내 주인이 되지 못하게 하려고
연연하지 않는 척이라도
하는 중이다.

우리나라 사회적 문제들의
거의 90프로 이상은
돈 문제에서 생기고 있다.
검은돈

Black money
그게 어떤 건지
경험 안 해 본
사람들은
모른다.

심지어
종교계 안에서조차
돈으로
명예와 직위를 사는 사람들이
벌어지고 있을 정도로
돈의 위력은 크다.

그래서
작게나마
저항 중이다.

비난

신부들을 비난하는 사람들이 있습니다.
신부가 무슨 생활고가 있냐는
등등

맞습니다
신부 중
굶어 죽거나
생활고에 시달리거나
하는 사람은
한 사람도 없습니다.

비난하는 분들 말처럼
사제들이
사회의 기생충 같은
존재이고
필요악인 존재라면
상품가를 중요시하는
자본주의 사회에서

자연적으로

도태되고

없어지겠지요.

어쨌건

그런 날이

오건 말건

날

필요로 하는 분들 위해

일할 뿐입니다.

비난하고픈 분들은

하세요.

그건

여러분의

권리입니다.

중견 사제들 모임에서 나온 말

우린
욕먹어도 싸.
하하하
시원스레 웃는 모습이
여유로워 보였습니다.

느려터진 소에게
채찍질하듯 하는 분이 있는가 하면
여물을 주는 분도 있으니

그냥
밭갈이할 뿐입니다.

구원

아무리 선행을 하여도 예수님을 믿지 않으면
구원받지 못한다.
길거리 선교찌라시에 실린 글입니다.
목회자의 멀끔한 얼굴이
아무리 보아도 종교사기꾼으로밖에 안 보입니다.
아니면
정신적으로 문제가 많은 자이거나

예수님의 이름을 무슨 상품권처럼
팔아먹는 것도 모자라
구원받네 못 받네 하는 것은
공갈협박죄에 해당됩니다.

중세 종교재판소는
악명이 높았습니다.
어처구니없는 판결로
수많은 사람들을
죽음의 길로 몰아넣었지요.

그런데
현대에 와서
개신교 안에
중세재판소를 연상케 하는 기구들이
생겼다는 이야기를 들으면서
그런 자들을
가려내는
종교재판소가
필요하단 생각이 듭니다.

사람들을
정신적으로
피폐하게 만드는 자들은
불안을 부추겨
사익을 도모하는 사기꾼들이거나
정신적으로 문제가 많은 자들입니다.

신앙의 역설

신앙의 역설
하느님 뜻,
외치는 자 중에 하느님 뜻 아는 넘 없고
믿음 외치는 자 중에 믿음 깊은 넘 없고
성인처럼 살자 하는 자 중에 성인 된 넘 없다.

하느님 뜻 잘 모르겠다는 사람들이
복음적으로 살고
믿음 약하다 하는 자들이
기도는 더 많이 하고
성인 될 꿈도 안 꾼다는 자들이
성인처럼 사는 걸 마이 보았다.

미사여구가 심한 자들일수록
탐욕이 많다는 게 신앙의 역설이다.

누구 얘기냐고…?
내 얘기이다.

내 마음을 공부하기 전
내 모습이다.

권력욕

종교의 신관은
종교권력자의 욕구 콤플렉스에
의해서 만들어지기도 한다.
권력욕이 큰 종교인들은
신을 지배자로 만들고
사람들을 종 혹은 죄인으로
몰아댄다.
그리고
자신은
신의 대리인으로서
행세하면서
신이 받을 영광을 대신 차지한다.
이런 행태는
어떤 종교에서건 발견된다.
신의 문제가 아니라
사람의 문제인 것이다.
지금도
대형교회 소형교회 상관없이

하느님의 뜻을 운운하면서
자기욕구를 채우려는 종교인들이
적지 않다.

이들은
자신들의 문제를 지적하는 이들을
이단으로 몰아세우고
자신들이
신의 적자인 양한다.

이들의 공통점
전례 의식 등 외적인 것으로 자기 신비화를 꾀한다.
어떤 자리에서건 특별대우를 원한다.
자기 스스로
님 자를 붙인다.
논리적이 아니라서, 애매모호한 추상적인 표현이 많다.
그것을 스스로 신비주의라 합리화한다.
무의식적 혹은 의식적으로

돈에 대한 강요를 한다.

이런 악화들이
양화들을
쫓아내고 있다.

손원영 교수가 승소했음에도 복직을 못하고 있는 이유이다.

종교무용론

종교가 무슨 필요 있나요.
종교는 무속신앙 같은 거 아닌가요.

가끔 듣는 질문
그 물음 뒤에는
인간의 이성과 지성에 대한
자부심이 깔려 있다.
그런데
이런 종교무용론을 주장하는 사람들은
사람의 심리에 무지한 경우가 대부분이다.
인간이
열악하고
급박한 환경에서
얼마나
잘 허물어지는 존재인지

어찌 보면
우물 안 개구리처럼

살아왔길래.
그런 소리를 하는 것이다.

믿음은
태풍처럼 몰아치는 불안에
시달리는 자아가 뒤집히지 않게 도와준다.

기도는
앞이 보이지 않는 암흑 속에서
길잡이가 되어 준다.

종교를 무시하는 것은
금덩어리가
먹을 것이 못 된다고
버리는 사람과 같다.

도피적 언어

신부님 글에서는 수도자적인 분위기가 안 보여요.
거룩하지도 영적이지도 않아요.

자주 듣는 얘기
예전 한때 영적인 삶에 매달렸다.
그러다가
재개발 현장에서 몇 년을 지내면서
거룩한 영적인 것들이
힘이 없을 뿐만 아니라
도피적 언어란 생각이 들었다.
전쟁터에서는
승자가 되어야 한다.
이것은 정신세계도 마찬가지
무능력 무기력 패배감을
영적 단어로 포장해선 안 된다.
몇 년간의 재개발 현장의 삶은
종교의 허구성을 알게 해주었고
복음을 새로운 시각으로 보게 해주었다.

십자가를 지고 나를 따르라.
부하들에게 외치는 장수의 소리를
왜곡 해석해서
십자가 콤플렉스나 만드는 등등의
무지는 이제 그만두어야 한다.

장례미사

장례미사
잘 아는 분의
장례미사는
참으로
난감하다.
미사 경본이 안 보일 정도로
눈물이 나서
힘들다.
목도 잠겨서
말도 못 하고

새 신부 때
봉성체 해드린 누나 뻘 자매님의 장례미사 때
너무 울어서
미사를 진행할 수 없었던 기억이
아직도 생생하다.
본당신부하면서
깊은 인연 맺었던 분들을

많이
주님께
보내드렸건만
아직도
그놈의 눈물은 마르질 않는다.

그래서
언제부터인가
장례미사 기피증이 생겼다.
본당 사목을 그만두고
상담소를 하면서
장례미사 안 해서
편했는데

잘 아는 자매님
아들이
자기 어머니 장례 미사 때 와달란다.
어머니가 내 얘기 많이 하셨다고

착하고

봉사활동

많이 했던

순박한 얼굴이 떠오르고

어찌해야 하나

망설여진다.

벌써부터

눈물이 쏟아질 듯해서

미얀마 불자

염경하다 입안에 벌레가 들어와
살생할까 얼굴을 천으로 가리고 기도한다.
대부분
나름 살 만한 사람들
그런데
군부가 자국민 학살하는 것에는
방관 동조한다.
국민은
벌레보다 못하다 여기나 보다.

다시
권력이건
종교이건
인성과
깨어있음이 중요함을

권력과 야합할 때
종교는

아편이 된다는 것을
미얀마가
보여준다.

남의 집 일이 아니다.

이런 글 올리면
머리 아픈지
조회 수가
극히 적다.
ㅋㅋㅋ
그래도
해야 할 말은 하고 산다.
읽거나
말거나

악과의 전쟁

악령이 들린 사람
흔히 엑소시스트 생각하면서
이상증세 보여야 악령 들렸다고 한다.

그런 증세는 단순하고
명백하며
악령도 차원 낮은 것이다.
차원 높은 악령들은
존재없이 유혹자로 존재한다.
연쇄살인범들의 경우
중마귀 정도
소위 말하는
대마귀들은 자기가 사로잡은 인간으로 하여금
이기적인 명분으로
대량학살을 하게 한다.

지금
미얀마군부를 비롯한

르완다
캄보디아
발칸반도 등
피로 범벅인 살육의 현장에는
악령 들린 자들이
드글거렸다.

종교인들
수도자들이
엄격한 수행을 하는 것은
이런 악과의 전쟁을 위해서이다.

현재 최고의 악령들이
미얀마 군부에게 붙었다.
악성 코로나가
이들에게 들러붙고
지옥 사자가
다

데려가길 기도한다.

지금도

아이들이

죽어가고 있단다.

용서해줄 수 없는 자들이다.

일본 신자와 한국 신자의 차이

일본 신자와 한국 신자의 차이
일본 신자들은
본당 신부에게 쉽사리 마음을 안 연단다.
한국 신자들은
새 본당 신부와
금방 친해진다.

일본 신자들은
본당 신부가 자기들 마음에 들면
어디를 가든 따라간단다.
욘사마가 아닌 신부사마

한국 신자들은
본당 신부 떠날 때 펑펑 운다.
그러나
떠나는 차가 안 보이고
새신부가 오면
금새 화장 고치고

새신부 구경한다.

그것도 모르고
떠나는 차 안의 신부는
계속 눈물 흘린다.

정붙이고
떼는 게
초고속인
한국 신자분들

대단하다.
ㅋㅋㅋ

항상 깨어 기도함이란

항상 깨어 기도하라.
주님의 이 말씀을 우리 교회는 글자 그대로 받아들였습니다.
수도원의 시과경
자는 건 게으름이자 죄라는 생각
잠마귀라고 명명하기도
잠도 제대로 못 자고
기도하는 것이 성화의 길이라 생각한
무지함

그 무지가 수도자들을
신경증자 심지어 조현병에 걸리게도 하였습니다.
기도는 중요합니다.
규칙적인 운동처럼
규칙적인 기도는
마음 건강에 중요합니다.
그러나
무리한 운동이 병을 부르듯이

무리한 기도도 정신적 문제 일으킵니다.

항상 깨어 기도하란 말씀은
망상에 빠지지 않게
조심하란 말씀입니다.
망상은 기도 시간에 식별이 되기 때문입니다.

유럽 페스트

벌거벗은 세계사에서 유럽 페스트가 휩쓸 때 상황이
회자되었다.
페스트에 걸린 신자들이
하느님이 주신 벌이라고
자신을 채찍질하는 신심 행위를 했을 뿐만 아니라
돌아다니면서
회개를 촉구해서
전염병을 퍼뜨렸다고 한다.

그 당시랑
지금은 달라졌을까?
병적인 인식은 달라진 게 없다.
신앙을
죄를 짓지 않기 위한 삶으로
규정하고
모든 것을 죄의 관점으로 보는
병적인 도식은 여전하다.

교회는
그때나
지금이나
아이의 잘못만
감시하는 사디스트적 기능을 한다.

주님이 가장 혐오하셨던
바리사이 기능을 하고 있는 것이다.
도무지
바꿀 생각을 안 하는 건
타성이고
무지 때문이다.
아직도
신자들을 죄인으로 만들고
쾌감을 느끼는 사디스트들이
고해소에서
재판관처럼 군림한다는 이야기를 들으면
절망감이 느껴진다.

공부 좀 해라
어리석은 놈들아
멱살을 잡고 싶다.

닭장

교회는 참으로 묘한 곳이다.
마치
닭장 같다는 느낌이 든다.
병아리 때는 좋다.
큰닭들이
보호해주고
병아리들끼리
연대감이 생겨서

근데
문제는 덩치가 커지면서부터이다.
닭이 아닌
독수리의 모습이 드러나기 시작하는 데서부터
주위의 시선들이 따가워지기 시작한다.
독수리가 될 놈에게
닭이 되라 하고
심지어 날지 못하게
날개를 꺾어버리기도 한다.

그래도
닭장을 뛰쳐나가면
닭장문을
견고히 잠그고
들어오지 못하게 한다.
병아리들에게는
닭의 윤리를 외우게 한다.

그러나
독수리에게
닭장은 의미가 없다.
하늘을 날으면서
자유를 만끽하기에

주님의 행적을 묵상하다 보면
이분이
바람의 아들이구나 하는 생각이 든다.
자유로운 영혼

바리사이들이라는

닭들이

정신적인 감옥

율법이란 감옥을 만들어서

사람들의 정신적 자유를 빼앗는 것에

정면 비판을 하시고

정신적 감옥문을 열어서

해방시켜 주시려 했다.

그러다가

독이 오른

닭대가리들에게

죽임을 당하신 것이다.

그런데

새로운 닭들

신바리사이들이

다시금

더 정교한 정신적 감옥을 만들었다.

죄책감이란

감옥

감옥이란 느낌이 안 드는 감옥이다.

사람들이

신앙이란 명분 하에

자유로움은커녕

괴로워하는 걸 보면서

즐기는

바리사이들은 사디스트들임에 틀림이 없다.

정인이를 죽음에 이르게 한

양모는

그 여인 하나가 아니라

교회 안에

종교들 안에

드글드글하다.

종교인의 외피를 뒤집어쓴

사디스트들
정인이 양모는
범죄자로 잡혔는데
사디스트 종교인들은
종교 권력을 틀어쥐고
오늘도
가학적인 말로
신자들을
신경증자로 만들고 있다.

구원의 조건

아무리 선행을 해도, 예수를 믿지 않으면 구원받지 못한다.
개신교 일부 목회자들의 주장
종교독재를 연상케 한다.

아주 작은 죄를 지어도 천당에 못 들어간다.
중세 가톨릭의 구원관
이런 구원론들이
구원불안증이란 종교신경증을 유발했다.

이들의 말처럼 구원은 오로지 하느님의 선택권에 달린 것일까?

복음에는 둘째 아들의 이야기가 나온다.
아버지는
늘
아들을 기다리는 자리에 계신다.
집으로

들어가냐 안 들어가냐는 둘째 아들의 선택이다.
둘째 아들은
아버지가 자신을 사랑함을 믿고 집으로 돌아간다.

둘째 아들을 통하여
구원의 개념이 잡힌다.

선택은
죄인들인 우리들에게 있다.
구원의 조건은
아버지가 우리를 하염없이 기다려 주시는 분임을 믿는 것이다.
그런 믿음이
하느님의 집으로
갈 수 있는 용기를 준다.
이것이 복음이 주는 메시지인데

하느님을

잔 정머리 없는 분으로
만드는 자들은
도대체
어떤 자들일까?

대개
아버지와의 관계가 안 좋은 사람들이다.

주님의 존재성

주님의 존재성에 대하여
무신론자들의 의견이 분분하다.
특히
인간의 정신 행위는 뇌의 활동에 지나지 않는다는 주장은
아이들의 마음을 흔든다.
근데
우리 뇌 운운하는 이들은 왜 장례를 치루는가?
시신은 기능 멈춘 것이니
그냥 폐기처분하면 되는데

주님이 존재하시는가 운운하는 것은 배부른 소리이다.

억울한 죽음을 맞은 사람들의
이야기를 들으면
그들의
원혼을
위로해주고 안아주는 신적 존재의

절대 필요성을 느낀다.

주님이 계실까가 아니라
계셔야 한다가
더 맞는 말이다.

믿지 않는 자들은 너희 길을 가라.
우리는
그분의 계심을 믿고
그분께
우리 영혼을 맡기며 살테니

얄팍한 인간 지식의 한계가 느껴지거든
그때
고개 숙이고
오라
기다릴 테니.

성경이란?

성경이란 무엇인가?
어떤 이들은 거룩한 책이라고
책상 위에 모셔두고 읽지는 않는다.
어떤 이는
하루 점보듯이 성경을 펼쳐 보기도 한다.

성경의 의미를 모르는 것이다.
성경의 전반적인 내용은
선택과 행복에 대한 것이다.
어떤 삶을 선택해야
참 행복을 얻을 수 있을지
가르침을 주는 책이 성경이다.

그래서
주님을 로고스 말씀이라고 하는 것이다.

그런데
많은 종교인들이

이 말씀을
자기 멋대로
해석하여
신자들을 위협하고
사익을 얻으려 한다.

전교?

정인이를 학대 살해한 양모가 교도소에서 활달하게 지내며
전교까지 한다는데
기가 막혔다.

전교란 무엇인가?
혹자는
자기 교회에 나오게 하는 것을 전교라 하고
혹자는
예수 그리스도를 믿게 하는 것을
전교라 한다.

그런데 그 와중에 얼마나 많은
종교적 오류
정서적 폭력들이 발생했던가

주님의 뜻을 전하기보다
사적 이익을 얻기 위해

주님의 이름을 팔아먹는
전교 행위가
종교 간 분열뿐만 아니라
서로 이단이라 정죄하는
웃지 못할
지경까지 이르게 만들었다.

여러 종교를 공부하고
여러 종교인들을
만나면서
인성이
영성임을 더 깊이 느낀다.

루터 선배

루터 선배!
이렇게 부르면 깜짝 놀라실라나.
선배 맞지요.
환속하기 전에 수도회 신부였으니
한참 선배지요.

루터형!
그때 가톨릭의 비리와 부패를
지적하였음은
진정으로 교회를 사랑하고
신자들을 아끼는 마음이었음을 잘 압니다.
다행히
형이 나간 후 가톨릭교회에서는
수도자들이 조용한 개혁을 시작해서
상처 입고 갈 곳 없는 신자들의 마음의 고향이 되어 주었지요.
그래서 지금도 가톨릭교회에서는 수도자들을 우대합니다.

근데

루터형!

그때 형이 그토록 비판했던 부패종교인들이

지금은 한국개신교에 드글거리니

이걸 어찌하면 좋을까요?

형처럼 바른 생각을 가진 목회자들이 찬밥신세가 되고

머리에 든 것조차 없어 보이는 것들이 검은 권력을 휘두르거나

말도 안 되는 아무 말 대잔치를 벌여서

주님을 모독하는 짓들을 벌이는데 이걸 어찌 할랑가요.

숨어서 악덕 기업인처럼 권력질을 하는 넘들이 왜 이리 많은지요.

교회 안에 뱀들이 왜 이리 많은지요?

루터형!

뱀 사냥하러 다시 오시지요.

착한 목회자들이 뱀들에게 다 먹히기 전에.

생각 수준

몇 년 전
해방신학에 대한 글을 썼더니
항의 전화가 왔다.
신부님 빨갱이세요?
왜요?
왜 빨갱이신학을 지지하세요.
뭔 신학이요?
해방신학이요.
헐
자매님
해방신학책 보셨어요?
보진 않았지만
빨갱이들이 만든 책이란 말은 들었어요.
헐
글면 신학은 공부하셨나요?
아니오.
사회학은?
아니오.

그럼 남미는 가보셨나요?
아니오.
헐
이런 사람들을
찌라시 지식인이라고 한다.
딱
생각수준이 찌라시이다.

난
신학철학사회학 공부했고
남미일대, 사회주의국가들을
다 다니면서 공부하였다.
근데
그런
날 보고
모른단다.
지나가던
개가 실소한다.

그래서
빨갱이 신부들을 만들다 못해
빨갱이주교
심지어
지금 교황님까지
좌파교황이라 하는가 보다.

참
간도 크다.

굳센 믿음

간혹 굳센 믿음을 강조하는 사람들이 있다.
특히 개신교 목회자들이 그런 성향이 강하다.
믿음은 중요하다.
문제는
심약한 사람들에게 지나치게 믿음을 강요할 경우
정신적 문제가 발생한다는 것이다.
우선
자신만 믿음이 약하고 다른 사람들은
다 깊은 믿음을 가진 듯해서 종교적 열등감에 빠진다.
심지어
믿음을 강조하는 사람들을 이상화하고
신적 존재로 여기기도 한다.
일부 목회자들은 이런 심리적 틈새를 악용하여
정신적 노예로 만들고
종교적 사육을 하는 종교 범죄를 저지르기도 한다.

반대로
자신의 믿음에 지나친 확신을 갖는 사람들도 적지 않다.

이럴 경우

유아적이고 이기적인 신앙관을 갖게 된다.

하느님이 자기만

보호해 줄 것이란

믿음

이런 자기중심적 믿음은

거짓 평화

거짓 통제감을

불러온다.

종교사기꾼이 될 가능성이 크다.

실제로

영적 연출로

자기 미화를 해서

추종자들을 모으고

교주처럼 군림하는 자들이 적지 않다.

이런 자들에게 경종을 울린다.

신앙은

의심하면서도 믿는 자와

의심하면서

안 믿는 자가 있을 뿐이다.

02

두 번째 이야기방

...

영성 생활,
서로가 존중하고 배려해야
함께 살 수 있음을
배워가는 것이다.

영적인 삶이란 인간의 관계성을 넓혀가는 삶이다.

나란 존재가 주변 어떤 것들의 도움으로 사는지
나의 생명의 뿌리는 무엇인지 생각해보는 삶이다.

기도나 명상의 목적은 모든 생명체가 연결되어 있음을
깨닫게 하기 위함이다.

신앙생활은 자기마음 돌보기가 필수여야 합니다.

선민의식

난 이스라엘의 선민의식이 너무도 싫었다.
중세 유럽인들은 돈에 대한 유대인들의 집요함에 질려했다고 한다.
고리대금업을 비롯한 눈살 찌푸릴 일로 돈을 버는 그들은 하층민이었다.

이차대전 후에는
줄곧
독일에게 피해 입은 피해자 모드를 유지하면서
뒷전에서는 자기들만 살아남으려고
온갖 이기적인 짓을 다 벌인다.
우리나라도 그 피해자 중 하나이다.

이런 민족이 왜 선민일까 오랜 동안 의구심

그러다
문화심리 책을 보면서 답을 알았다.
선민의식은 이스라엘만이 아니라

열등하고 저급한 문화를 가진 나라들이
공통적으로 가진 콤플렉스였다고 한다.

그래서
구약의 창조신화들은
다른 대륙문화에서도 놀랄 정도로
유사한 것들이 많다.

가진 것 없는 사람들이 족보 찾고
족보 위조하듯이
민족들도 비슷한 짓을 한다는 것이다.

개인심리나 집단심리는 유사점이 많다.

게 중에
이스라엘이 정말 선택된 민족이라고
부러워하는 자들도 있다.
ㅊㅊ

주님을

재판하고
처형한 자들이
누구인지
주일학교
초딩들도 안다.

그래도
유대인 교육의 우수성 운운하는 사람들

그들이 지향하는 교육의 목적이 무엇인지나 아는지

한심하다.

마음을 비우라

마음을 비우라.
종교인들이 자주 쓰는 말

자기는 비운 듯이

마음은 비울 수 없습니다.
생각은 정리가 가능하지만
욕구는 비울 수 없습니다.
의식은 혹 비울 수 있지만
무의식이란 바다는 비울 수 없습니다.

마음은
비우는 것이 아니라
채우는 것입니다.

여친에게 차이고 우는 남자아이에게
말해주었습니다.
더 노력해서 성공하면 더 좋은 여친 생긴다고

산이 낮은 데서는 볼거리가 적습니다.
정상으로 갈수록 시야가 넓어집니다.

The higher
자신의 삶을 다듬고 다듬어서
어제보다 낫게 만들면
The better
The more

많은 것을 얻게 됩니다.
얻지 못한 걸 잃어버린 걸
슬퍼할 시간에
더 높이 오르는 것이
후회라는 쓸데없는 감정에 빠지지 않는 것입니다.

낫을 잡았거든
뒤를 돌아보지 말라.

채운다는 것은
높이 오르는 것입니다.
정상의 삶을 사는 사람들은
쓰라린 과거를 회한이 아니라
쓴 경험으로 인식하고
그 자리에서
한 걸음씩 산을 오른 사람들입니다.

아무도 예외가 없습니다.

순종 콤플렉스

순종하라.
윤리규범처럼 어린 시절부터
들어온 이야기
그러다 보니 생긴 순종콤플렉스
순종을 종용하는 자들과
순종해야 하는 자들이 생겼다.
순종콤플렉스에 걸린 자들은
복음마저
자기들 입맛대로 바꾸었다.
복음에 나오는 둘째 아들 이야기
그 아들을 돌아온 탕아라고 명명한 것이다.

영성상담에서는 이런 말을 한다.
'아니오'라는 영역이 넓어져야
'예'의 영역도 넓어진다고

무조건 예예 하기만 하는 것은
한쪽으로 기울기 마련이다.

둘째 아들은 아버지에게 순종치 않고
'아니오'의 영역을 넓히려고 가출하였다.
가출은 출가인 것이다.
작은 영역을 벗어나
경험의 영역 확장에 도전한 것이다.

롤러코스터를 타듯이
험난한 경험을 한
둘째 아들은
집 밖을 나간 적이 없어서
쪼잔해진 큰아들과는 다르게
그릇이 큰 남자로
변화되어
돌아온다.

심리적 스펙트럼

우리 교회에서는

한쪽으로 편중된 영성론을 주장한다.

그래서인지

착한데

답답하다는 말을 많이 듣는다.

영적인 삶

영적인 삶
그러면
대개 그건 종교인들이 지향하는 것
혹은 광적인 종교인
정신적으로 세상과 분리된 사람들이나 하는 것이라고
생각들 한다.

일부 종교인들이 일상에서 벗어난 듯한
연극성 종교연출을 하기에 생긴 오해이다.

영적인 삶이란
인간의 관계성을 넓혀가는 삶이다.

나란 존재가 주변 어떤 것들의 도움으로 사는지
나의 생명의 뿌리는 무엇인지
생각해보는 삶이다.

기도나 명상의 목적은

모든 생명체가 연결되어 있음을
깨닫게 하기 위함이다.

서로가 존중하고
배려해야 함께 살 수 있음을
배워가는 것이 영성 생활이다.

따라서
이런 영적 지향적 삶은
어린 시절부터 익혀져야 한다.

이런 교육이 없을 경우
다른 사람들을 내 행복을 위해
존재하는 종들로 보거나
제거 대상으로 보는
괴물이 된다.

그런데

많은 종교인들이

종교비지니스에 집착해서

기도

기도해 줄게요.
젊은 시절에는
참 무책임한 말이라 생각했다.
그런데
나이 들어가면서
신자분들이 털어놓는
고민들이 해결해 줄 수 없는 것들이
늘어나면서
기도해 줄게요.
하는 말이 저절로 나온다.

특히
돌아가신 분들을 위해서는
기도밖에 해드릴 게 없다.

얼마 전
어떤 분이 봉투를 내놓는다.
뭐에요?

신부님 덕분에 아들 일이 잘 풀려요.

ㅎㅎ

은총은 성모님이 주셨는데
떡고물은 내가 챙기는구나.
하는 생각이 들었다.

순교자분들의 죽음

순교지를 다니면서 순교자분들의 면면을 보면
한결같이 어질고 착한 분들입니다.
그런 분들이 배교하지 않고 죽음을 받아들인 것에 대하여
교회는 칭송이 자자합니다.
그런데
마음 한구석에서
죽지 말고
도망가서 사시지 하는 생각이 들곤 합니다.
사람이 죽는다는 것이 얼마나 힘들고 괴로운 것인데

교회는
순교자분들의 죽음을 칭송하지
그분들의 내적 갈등에 대해서는 언급이 없습니다.
배교하면
비겁한 사람으로
몰기조차 합니다.

교회사를 보면

젊은 신자들이

박해에 항거했다는 짧은 기록이 나옵니다.

그러나

그것뿐

그들의 그 후 행적

그들의 내적 갈등에 대해서는

한마디 언급도 없습니다.

순교만이 미화되고

다른 것들은 묻어버린 역사는

몰인정하다는 느낌마저 듭니다.

또 하나의 석연찮은 기분

자랑스런 순교자분들이 계십니다.

정약종 선생

사람과 사람의 평등함을 몸소 실천하셔서

당대 기득권층의 미움을 받아
순교하신 분
세상에 자랑할 만한 순교자이십니다.
죽음보다
당신의 신념이 고귀해서입니다.
그런데
이분에 대해서는 잘 모릅니다.

순교유적지의 설명들은
거의 다
배교하지 않았음을 칭송하지.
이분들의 복음적 삶에 대해서는
별로 없거나
짧기만 합니다.

순교지를 방문할 때마다 느끼는 아쉬움입니다.

이런 글을 쓰면

신자분들이

그런 글을 쓰시고도 괜찮으시겠어요 한다.

왜

뭐가 안 괜찮은 건데요.

사견이고 틀린 말이 아니라면 써도 되지 않나요.

제 의견이 틀렸다면

누군가가 비판한다면 토론해야지요.

그게 교회 아닌가요.

가톨릭교회는

열린 교회입니다.

주님처럼

주님께 은총 받으려면
어떻게 살아야 하나요?

개들을 본받아라.

개처럼 살라고요.

아니
개들처럼 주님만 바라보며 살거라
주인들이
그런 개들이 늘
눈에 아른거려서
먹을 것 챙기듯이
주님도 그러하시다.

주님께 사랑받으려면
어떻게 살아야 하나요

아기들을 본받아라.

네?

똥오줌 가리지 못하고 살라고요?
제가 여러 스승에게 배웠는데
스승님처럼
못 알아들을 말 하는 분 첨 보았습니다.

나도
너처럼
말귀 못 알아듣는 넘
첨
봤다.

마녀사냥

법원에서 복직 판정이 났음에도 불구하고
몇 년째
학교 밖에 서 있는 손원영 교수

그가 쓴 책을 보면서
학교 측에서 기겁을 했겠구나
하는 생각이 들었다.

좁고 경직되고 성경을 자의적으로
해석하는 자들이 볼 때는
불상 성모상의 의미보다
물적 대상으로서 우상숭배라고
길길이 뛰는
편협증자들 눈에는
자유로운 신앙을 추구하는
손교수가
이단으로
보였으리라.

그들은 지금
손 교수를 마녀사냥하고 있다.
불만 안 보일 뿐

그런데
손원영 교수는 담담하다.
그를 보면
마치 앞만 보고 가는
코끼리 같다는 생각이 든다.
오히려

그런 그를 받아들이지 못하는 자들이
좌불안석
홧병에 걸리지 않았을까 싶다.

가톨릭의 경직성을 비판하고
자유로운 신학을 펼치었던
개신교가

지금은

중세가톨릭을 판박이로

닮은 모습을 보이는 게 신기하다.

꼰대

 오래전 영화
 수도원 살인사건, 노인 수도자가 젊은 수도자들이 유머집을 보고 웃는 걸 꼴사납다 여겨서 책장에 독약을 발라 죽였다는 스토리
 영화인 줄만 알았는데
 가톨릭 평화방송에서 몇 년간 방송활동을 하면서
 그런 꼰대들이 아직도 존재함을
 젊은 신부들이 신선한 모습으로 나와서
 아, 참 재미있다 싶으며
 사라집니다.
 꼰대들이
 신부가 그게 머냐고
 지랄들 해서 숨어버리는 것입니다.
 며칠 후
 보이는 모습은
 거세당한 강아지처럼
 맥 **빠진** 모습
 그와 유사한 일들이

수도 없이 많았습니다.
방송국에 후원은 안 하면서
잔소리나 해대는 꼰대들
방송을 재미덩어리가 눈꼽만큼도 없게
만들어놓고
시청률을 바닥으로 떨어뜨려놓고
미안함도 느끼지 못하는 꼰대들
피디들에게 미안한 마음

성당에 가는 아이들이
죽을상을 합니다.
재미가 없거든요
신앙생활은 재미로 하는 게 아니라고
잔소리하는 꼰대들이
아이들의
발걸음을 다른 곳으로 향하게 합니다.

교세 감소가 코로나 탓이다?

지나가던 개가 웃을 일입니다.
코로나임에도 불구하고
관광지 술집에는 바글바글
왜 성당은 영안실처럼 텅비었는가?
노재미가 원인

믿음이 약해진 탓이라고?
기적 하나만 일어나면
구름처럼 몰려오는데
기적은커녕
기저귀도 안 보이는데

어디건 간에
공동체의 성장을 막는 건
꼰대들입니다.

내가 꼰대인지 여부를 아는 법

우리 때는 안 그랬는데 재들은 왜 저래 하면

이미 꼰대

모든 걸 다 아는 것 같다 싶을 때

이미 꼰대

달변의 논리를 펼치는데

애들이 입을 다물고 딴전 피면

이미 꼰대

내 의견과 다른 의견이

신선하게 들리지 않고

심기가 불편하면

이미 꼰대

지나간 과거사를

반성 없이 미화하면

이미 꼰대

자기망상적 신앙에 빠져서

혼자 질질 울면

이미 꼰대

칭찬은 없고

험담질만 한다면
이미 꼰대

재미라곤
눈꼽만큼도 없이
시니컬하고
음산한 눈빛의 꼰대들이
설쳐대면
나라고
종교고
다 망하는 게
꼰대의 법칙

자기마음 돌보기

　불교에 비해서 가톨릭교회는 자기마음 보는 데 인색합니다.
　성경의 가르침 교회의 가르침에 비추어
　자신의 삶에 대한 윤리적 판단은 하는데
　왜 그런 행동을 했는지
　그 답을
　마음 안에서 찾으려 하지 않습니다.
　심지어
　눈치 보는 신앙을
　참 신앙인 것처럼
　오해하기도 합니다.
　그래서
　착하게 사는데
　마음 병을 앓는 분들이 적지 않습니다.

　자기마음을
　들여다보고
　보듬어주지 않으면

내 마음 안의
폭군은
서서히
마음을 조이고
가둡니다
하느님 행세를 하면서

그래서
신앙생활은
자기마음 돌보기가 필수여야 합니다.

감사기도는 언제?

감사기도는 언제 하면 좋은가
심리학자들에 의하면
저녁이라고 합니다.
하루를 정리하고
조용히 앉아
감사한 일들을
생각하면
편안한 잠을 잘 수 있다고 합니다.

잠자기 전에
기분 나쁜 일들을 생각하면
마음이 불편해서
잠을 이루지 못할 뿐 아니라
밤새
좋지 않은 일이 생길 수도 있습니다.

잔인한 용어

잔인한 용어
혐오용어

동성애자
성변환자
매춘부 등등

이들이 이런 삶을 산 것이
태어나자마자부터일까요?
이 사람들에 대해서
잘 아시나요.

그런데
왜
이들을
그토록 혐오하나요.

다 같은 사람이고

누군가의 자식인데

왜

돌을 던지나요.

그들이

당신들에게 해를 끼쳤나요.

사회의 그늘 속에서

숨죽이며

사는 이들에게

왜 그토록 잔인한가

심지어

성경을 들이대면서

수많은 사람을 학살한 자는 용서하면서

서민들의 돈을 도둑질한 자들은

부러워하면서

왜

당신들과

일면식도 없고

해를 끼친 적도 없는 이들에게

그토록 잔인한가요.

돌을

던지는

그대들에게서

악령을 봅니다.

그 옛날

엉뚱한 사람들을

화형에 처한 자들의

화신이 보입니다.

캐나다 원주민 어린이 학살사건

캐나다 원주민 어린이 학살사건
캐나다 가톨릭교회가 저지른 사건

종교인들이
무지하고
광신적일 때
어떤 일이 생기는지의 사례
아이들의 죽음에 대한 사과와 법적인 책임은 물론

왜
그런 짓을 했는지
심리분석을 해야 한다.
종교인들이
망상적 상태
광신적 상태
우월콤플렉스에 빠지면
어느 종교에서건
발생할 수 있다.

영성생활

영성생활은 기도만 열심히 하면... 되는 것 아닌가 하는 분들께

미안하지만
그렇지 않음을 알려준다.

수도자 성직자들을 비롯한 많은 어른들이
어린시절에 형성된 왜곡된 인생패턴을
무의식적으로 재현하며 살아간다.
불교 심리학자인 John welwood의 말이다.

어린시절의 덫

동물들 중
덫에 걸린 채
살아가는 것들이 있다.
덫은 살 속으로 파고들고
살을 썩히고

결국에는
목숨을 앗아간다.

사람들도 예외가 아니다.
마음이 심리적 무의식적인 덫에 걸리면
수도생활이건
일상생활이건
잘할 수가 없다.

그래서
기도와
심리치료가 병행되어야 하는 것이다.

자존감

자존감
심리치료에서 아주 중요시한다.
자존감이란 스스로를 존중하는 마음

자존감은 타인으로부터 존중받아야 생긴다.
자존감이 약한 사람들은
자기를 무시하는 사람들에게
화를 낼 줄 모른다.
오히려
아부한다.
존중받는다는 것이 무엇인지 모르기 때문이다.
이런 피학적인 경우와 상반된 경우도
마찬가지
아랫사람의 건의를 무시하거나
멸시하는 것은
역시 자존감이 약해서이다.
그래서 가학성 성격장애자가 된다.
이런 사람이 권력을 잡으면

아부꾼들이 진을 치고
의견을 가진 사람들은
멀어진다.

자존감이 약한 사람들은
종교사깃꾼들의 먹잇감이다.
이들은
작은 이적에도
자아 전체가 흔들린다.

가톨릭교회는
오랜 동안 신자들의 자존감을 훼손시켜 왔다.
주님을 돌아가시게 한 죄인들이라고

삼위이신 하느님께서 기뻐하신 존재를
바닥으로 떨어뜨리고
종교적 자존감을 훼손하는
종교적 무지를

지속해왔다
그래서
본당신부들 중에
신자들에게
강압적 사목을 하는 자들이
나온 것이다.

자기보다 강한 사람에겐 아부하고
약한 사람은 무시하고 밟기조차 하는
무뢰배들은
종교인이 아니라
종교인을 사칭하는 양아치에 지나지 않는다.

경험

살아오면서
참으로 많은 일을 경험하였다.
그런데
상담심리 공부 후
이것을 알리고자 할 때도 마찬가지
신자분들에게 치유적 선물이 될 거라 여기고
누구나 좋아할 거다 생각한 것은 오판
교회 안의
단단하고 거대한
콤플렉스들은 만만치 않았다.
가장 큰 돌은
착한아이콤플렉스
그 돌에 깔려 신음하면서도
탈출할 생각은 안 하고
깔린 채로 살려는 사람들이 왜 그리도 많은지
그런데
더
기가 막힌 것은

그 돌 위에 또 다른 돌을 얹는 자들이 있었다.
성인들처럼 완전한 자 되라...
성인 콤플렉스
완전 강박증
한 발 더 나가
순교자 콤플렉스까지

주님은
사람들 영혼을 깔아뭉개는 돌을 치워주셨는데
우리 교회는
그 돌을 다시 사람들 등에 지웠다.
이건
개신교도 마찬가지

내적으로
자유롭지 못하고
신경증적인 종교인들이 벌인 일들
주님께서 대적한

바리사이즘이 우리 교회 안에 스며들어온 것이다.

복음의 주님은
손이 오그라든 사람에게 손을 펴라 하시는데
우리는
펴진 손을 다시 오그라들게 하는구나 하는 것이
영성심리를 공부하면서
보이기 시작했다.

일반적인 무지보다
종교적 무지는 더 무섭다.
맹신적
광신적인 상태로 변질 위험성이 가장 크기 때문이다.

그래서
종교인들은
다양한 공부와 경험이 필요하다.

좁은 식견

좁은 경험은

아전인수식 신앙에 빠지게 하고

사람들을

잘못된 길로 이끈다.

종교적 무지

주님이 이러이러하셨으니
우리도 이러이러해야 한다.

주님의 제자로서
신자로서의 도리를 다해야 한다.

맞는 말인데
때로
틀린 말이기도 하다
이런 식의 말들은
얼핏 아름답게 들릴지 모르나
감정 억압
병적인 죄책감을 유발할
가능성을 가지고 있다.

이런 말들은
사람들을 평균화해서
메시지를 준다.

마치
의사가 환자 개개인 상태를 보지 않고
똑같은 처방을 내리듯이

주님께서는
제자들에게 하신 말씀과
병자들에게 하신 말씀이 다르셨다.
그런데
종교인들은
그분의 말씀을 뭉뚱그려 가르친다.
종교적 무지가
가장 위험하건만

양가감정

인간은 늘 양가감정에 시달린다.
이런 양가감정은 종교인들에게는
괴로움 그 자체이다
죄짓고 싶지 않은 마음과
죄짓고 싶은 마음이 공존하고
갈등을 유발하는
상태가 사람 마음이다.

이런 때
혹자는
지나치게 자신을 닦아세우기도 한다.
반듯하게
올바르게
살자고
자신을 몰아붙인다.
그런데
이런 식의 삶은
오래가지 못할 뿐 아니라

억압으로 인한 신경증
완전강박증을 유발한다.

이런 때
필요한 것이 약한 자의 기도이다.
나의
약함을 고백할 때
<u>스스로</u>
얼귀맨 사슬을 느슨하게 할 수 있고
숨을 쉴 수 있다.

숨통이 조이도록
사는 것은
신앙생활이 아니라
고문이다.

정서적 폭력배

부정적이고 위축된 태도는 인생의 풍요로움을 줄어들게 만든다.
가톨릭 개신교의 강론 설교를 듣다 보면
속이 부글거릴 때가 자주 있다.
신자들에게
말도 안 되는 요구를 하는 것
완전해지라고 무리한 요구를 하는 것도 모자라
주님이 돌아가시게 한 죄인들이라고
몰아붙이는 모습을 보면
강단에서 끌어내리고 싶은 마음조차 든다.
종교인들은
신자들의 아버지이다.
상처 입고 괴로운 경제적 압박에 시달리며
사는 신자들에게
심리적 압박감을 주는 자들은
정서적 폭력배들이지
종교인이 아니다
신자들의 위축된 모습을 보면서

쾌감을 느끼는 자들은
사디스트, 변태성욕자들이지
종교인이 아니다.

문제는
어린 시절 혹독한 경험 속에서 헤어나지 못하는
신자들이
이런 종교인들을 이상화한다는 게 문제이다.

매일 아침 심리학책을 본다.
혹
나도 종교인의 탈을 쓴
폭력배가 아닌지 자기성찰을 위해

심리학자들의
날카로운 글들은
내 안의 병적인 신념들
영적 은폐

포장들을
깨부수어 준다.

그때의 후련함이란
오랜동안

잘 모르겠거든
입 다물고
기도나 해주어라.

종교인들이
강론대 설교대 설법대에서
감당 못 할 말을 하는 걸
들으면
울컥
멱살 잡고
패대기 치고픈
마음이 든다.

'나'라는 사람

"신부님은 사람들과 어떻게 관계 맺으세요?"
훅 들어온 질문

잘 모르는 사람들에게는
경어
별로 친하고 싶지 않을수록
최대한 경어
친해지면
말을 놓는다.
아주
친해지면
욕으로 부른다.
남자들을
부를 때
이놈아 한다.

욕을 안 하고
존대어 쓸 때가

가장 상태 안 좋을 때이다.

내가
생각해도
내가 참
별나다.

가끔
지인들과
화투 칠 때면
귀여운 욕설이
난무한다.
이놈저놈

난
치유용 욕을 사랑한다
주고받는 욕 속에
싹트는 우정!

난 원래 욕을 못했다.
근데
어떤 본당 총회장님이
욕으로
사목위원들과
돈독한 관계 맺는 걸 보면서
배웠다.
그러다
상담 공부하면서
욕의 유용성 깨닫고
실행 중이다.

왜 욕을 하세요 하는 사람들은
욕 안 하는 거룩한 신부에게 가라.
내 앞에서
우아한 척 말고
짜증난다.

신부님도 외로워요

신부님들 혼자 사시니 외롭지 않으세요.
가끔 듣는 질문
처음에는
외롭지 않았다.
아이들과 함께 하느라 바빠서
그러다 본당 신부 되면서부터 조금씩 외로움을 탔다.
그래도 나이 들어가면서 외로움에 익숙해진다고 생각했다.
홀로 여행하는 사람들
이야기 들으면서
재밌겠다 싶어서 명절 기간에 제주에 갔다.
혼밥
홀로 드라이브
딱 삼 일
아는 사람 하나 없이
혼자 다니는 게
넘 외로웠다.

결국 짐 싸서 올라왔다.
성당에서 회관에서
신자분들과 눈인사하는 게
얼마나 중요한 것인지
새삼 깨달았다.

혼자 여행하는 사람들
참으로
독한 것들이다. ㅋㅋ
외로움은 사람을 좀 먹는다.
세상에서 가장 불쌍한 사람은
외롭고 힘든데
아무도 찾아주지 않아서
고독사하는 사람들
무연고자들이다.
살았는지 죽었는지
아무도
관심 가져주지 않을 때

이미 죽은 것이다.

외롭다고
방에 틀어박히면
더 외로워진다.
심지어
사람을 괴물로 만들기도 한다.

외로움이 단순히
개인적 감정이 아니란 것이다.

외로움은 사람들의 관심을 받으면
줄어들고 해소된다.
선행
봉사 같은 일을 통하여
사람들의 관심과 사랑을 받는 것이
가장 좋다.

부자의 빚

우리나라의
부자들은
가난한 사람들에게
진 빚이 크다.

그런데도
내가
똑똑해서
내가
노력해서
돈을 벌었다 하는
졸부들이
무속인들에게
휘둘리는 자를
엄청
대단한 인물인 양
추켜세우는 걸
보면서

한숨만 나온다.

부동산투기 주식투기
돈벌기에만
애쓰지 말고
공부 좀 해라.
이 사람들아

돈 불리기에
눈이 팔려서
사람 보는 눈이 멀어버린
자들이
넘
많다.

03

세 번째 이야기방

...

사람,
사람에게는
사람이
보약이다.

거목에는 수많은 생명체들이 붙어살고
열매를 먹고 그늘에서 쉰다.

사람을 공부할수록 복음의 내용도 더 깊이 이해가 되어간다.
그리고 오랫동안 나를 가두고 고문했던 병적인
신앙관에서 풀려나는 기쁨과 희열을 맛보고 있다.

친절한 사람들은 타인 지향적이다.
그들은 마음과 가진 것을 나누면서 관계를 형성하고
자신을 풍요롭게 한다.

사람은 나무 같다

사람들을 만나다 보니
사람이 나무 같다는 생각이 든다.

뿌리가 깊고
몸통도 크고
나뭇가지도 하늘로 뻗치고
나뭇잎도 무성한
거목인 사람들이
있는가 하면

빈약한 나무처럼
보이는 사람들도 적지 않다.

거목에는
수많은 생명체들이
붙어살고
열매를 먹고
그늘에서 쉰다.

그러나
빈약한 나무에는
아무것도 가까이 안 한다.
열매도 그늘도
없기에

영성생활이란
가지를 뻗고
뿌리를 내려서
그늘과 열매를 맺는 것이다.

잎이 없는 가지
열매 없는 나무는
땔감용이다.

멋진 노인

나도 노인 대열에 들어섰지만
나보다 더 나이 든 노인분들 보면서
노인들도 참 여러 부류구나 하는 생각이 든다.
최악의 노인은 아집쟁이
내가 다 알아 소리치며
자기주장만 늘어놓는 노인
틀탁충이라고 불리운다.

이거 어떻게 생각하세요 묻는데
궁금해서 묻는 게 아니라
자기 생각을 강조하기 위해
미끼를 던지는 노인
이들은 본인이 무지 똑똑하다 여긴다.

정말
궁금해서 묻고 또 묻는 노인
이분들은
몸은 노인이지만

마음은 청년

말에서

푸런 기운이 느껴진다.

멋있어 보이는 노인분들의 공통점

독서

취미생활

운동

종교

대화

놀이

다방면의 삶을 즐기신다.

같은 연령대인데도

느낌이 다른 것은

삶이 달라서이다.

사람이 보약

부산에서의 일주일

상담소를 하다 보니
본당의 맛을 잊었다.
매일 유튜브 강의 준비하고
신문 원고 쓰고...
책 출판 준비하느라
늘
혼자인 경우가 많았다.
만나는 이들도
고민상담 하는 사람들

그러다가
간만에
부산 후배 신부들이 불러주어
신자분들과 함께...
미사 강의 만남 등
본당의 맛을 보았다.

짧지 않은 여정이라
몸은 피곤하지만

마음은 행복하다.
열심히 사목하는 부산 후배들
본당 신자들이
그들을
사랑스런 눈으로 보는 것을 보면서
마음이 흐뭇
아
사제의 자리란 이것이구나.
하는 생각이 저절로

부산수녀원에서 피정 강의 요청하기에
가는 김에 본당에서
지낸 것인데
에너지를 받아온 듯 마음이 즐겁다.

반겨준 교우분들

주례

장림교우분들

이콘 세 자매

다대포 횟집 주방자매님들

수녀원 주방에서

반색을 하며

사인 요청한 자매님

강의 내내

즐겁게 웃어준

티 없으신 마리아 수도회 수녀님들

숙식 제공해주고

기사해주고

갈 때마다

늙은 선배 정성껏

챙겨주는

이창신 이강우 신부

오래전
베트남과 괌에서
강의해준 인연이
지금까지 이어지고 있다.

사람에게는
사람이 보약임을
부산 사제들과 교우분들이
보여주셨다.

다들 마음은 고아

속초, 밤길을 걷는데 갑자기 걸려온 전화
오래전 알던 분
십 년 이상 연락이 없다가
갑작 전화
그런데
목소리에 외로움이 가득하다.
사회적으로 성공한 분이기에 그런 생각 없있는데
그냥 안부 전화
자주 내 강의 영상 본단다.

아
모두 외롭구나.
겉으로 웃고 있어도
다들 외롭구나
하는 생각이 들어서
그동안
연락 안 하고 지냈던 몇 분에게 전화했다.
다들

넘
반가워하고
전화 주어 고맙다고

전화하면 부담스러워할까 봐.
일부러 안 했는데 나의 착각이었다.

사제로서
내가 할 일이 무엇인가
다시
곰곰 생각해본다.

정작
나를
필요로 하는 외로운 사람들은
잊고 살았구나.
하는 생각이 들었다.

마음이 외로운 사람들과
함께 해주는 것
그것이
나의 일임을
그분의
전화 목소리가
알려주었다.

다들
마음은
고아들이다.

감정의 사막화 현상

종교인들 중 초연하라 모든 것을 내려놓으라고
가르치는 사람들이 있다.
얼핏 들으면 솔깃하다.
그런데
사람의 마음 구조는 그러하질 못한다.
초월이나
내려놓음 자체가 일시적 현상에
지나지 않는다는 것이다.
그럼에도
불구하고 강제로 실행하면
감정억제로 인한 에너지 차단현상이 생긴다.
마음 안의 에너지의 흐름이 차단되어 일종의 동맥경화현상이 생긴다.
이런 증세를 가진 사람들의
가장 두드러진 특징은
감정의 사막화 현상 말할 때
일정한 톤으로 느낌 없이 말한다.
그래서

듣는 사람들이
지리함을 느낀다.
유머도 없다.
웃음은 밑바닥 감정에서 비롯되는데
차단되어서 웃을 수가 없는 것이다.
서민들의 집안은 웃음이 넘치는데
상층부로 갈수록
경직되는 것과 유사하다.

이런 사고 유형의 사람들은
자신을 이상화시키고
도인 행세 하려 한다.
문제는
이런 삶이 스스로를 박제화시킨다는 것이다,
이런 유형의 증세를 가진 사람들은
종교계뿐만 아니라
어느 분야에도
다

존재한다.

인간별종들이다.

평소
화 한 번 안 내는 자매
누가 험담하면
얼굴을 찌푸리고
기도하자 하는 자매
늘
우울한 얼굴로
십자가의 주님만 바라보는 자매
무슨 일이든
다 주님의 뜻이라 하는 자매

섬뜩하다.

감정억압으로 인한

포커페이스가 보여서
한을 품은 인형 같다.

남편이 죽었다.
심장마비
흠
난
그 죽음의 원인이 자매라 판단했다.
왜?
분노억압자들은
그 살기가
눈이나
손으로
나간다.
죽이고 싶도록
미운 사람에게 밥해줄 때는
살기가 밥에 쏟아진다.
그래서

밥 위에 퍼런 살기가 보이는데
그 밥을 계속 먹으면 죽는다.
그래서
남편이 죽었다 생각했다.
이런 얘길 했더니
어떤 자매가 길길이 뛰면서
말도 안 된다고 한다.
흠
머가 찔려서 저럴까.
글구 보니
비슷한 유형이다.

남편에게
집밥 먹지 말라
말해 줘야 하나
고민이다.

사사건건

본당 일에 트집 잡는 자이다.
그냥
냅둬야겠다.

내년 이 맘 때 쯤이면
장례 날 듯하다.

요즘은
아재유머가 시니컬해져 간다.
노인네 심보 때문인가!

살맛나는 세상

짐승 같은 놈
사람들은
오래전부터
짐승들을 빗대서 사람을 평가해 왔습니다.
그렇다면
짐승들이 인간보다 더 잔인한가?
인간 역사에서 벌어진 살인극들
특히 종교를 빌미로 한
학살극들을 보면
인간이 짐승보다 낫기는커녕
훨씬 못하다는 생각이 듭니다.
대량 학살
먹을 것의 독점 등
동물보기 부끄러운 짓을 스스럼없이 하는 것이 인간입니다.
그러고도
만물의 영장이네.
하느님의 모상이네.

자기 치장하기 바쁩니다.

그러나
인간은
양극성 존재이기에
실망만 할 것은 아닙니다.
절대 반대의 모습도 볼 수 있다는 것입니다.
남수단에서
한센인들과 함께 하였던 이태석 신부 같은 사람들
사람들을 위해
헌신하는 사람들도 있습니다.
그래서
아직은
세상이 살맛 나는 것입니다.

바르게 사는 것과 친절하게 사는 것

바르게 사는 것과 친절하게 살려고 노력하는 것 중, 어느 쪽이 더 복음적인가?

친절하게 사는 쪽이다.

바르게 살려고 하는 사람들 율법을 지키려고 애쓰는 사람들은

죄를 짓지 않으려 애쓰지만

지극히 자기중심적이다.

타인과의 심리적 벽을 만들어서 살기 쉽다.

대표적인 사람들이 바리사이들이다.

친절한 사람들은

타인 지향적이다.

그들은

마음과 가진 것을 나누면서

관계를 형성하고

자신을 풍요롭게 한다.

독재자들의 공통점

여러 나라를 다니면서
특히 가난한 나라
동남아 독재국가들을 다니면서
사회문제에 깊은 관심이 생겼다.

이들 국가의 공통점

사회적 신분 상승 기회의 차단
특정 집단에게만 신분 상승 여건이 주어진다.

국민들을 가난한 상태로 놔두어서
자식들이 앵벌이 하게 하고
부모는 **뼈빠**지게 일하게 해서
정치문제에 관심을 못 가지게 한다.

국민들을 문맹화하기 위해 교육받을 기회를 제공해주지 않는다.

종교를
국민들 의식을 비현실화시키는 데 이용한다.

언론은 오직 권력층 지지와
연예인들 이야기로 도배된다.

어쩜
짜고 치는 고스톱처럼
독재자들의
통치 방법은 똑같다.

편견 깨기

평화방송 피디와 약속을 잡았는데
손원영 목사님이
지나는 길에 들르고 싶다 연락이 왔다.
속으로
어 잘됐다.
만나게 해주어야지.
내 주특기 중 하나가
사람과 사람을 연결하는 것이라

종신 부제이신 분과 넷이 남 수다.

듣고 있던 피디가
손 목사에게 티브이 출연 제의
ㅋㅋㅋ
가톨릭방송 생긴 이래
목사님의 출연은 처음이리라.
우리가 아는 목사가 아니라
자유로운 영혼을 가진

손원영 목사님을 보면
많은 가톨릭 인들이
개신교에 대한 편견을 버리리라 믿는다.

가톨릭과 개신교
같은 하느님 같은
스승의 제자들이다.
손원영 목사의
가톨릭방송 출연이
서로 간의 반목과 편견 깨기의
첫걸음이 되기를 기도한다.

조피디
파이팅!

나이 들어갈수록

나이 들어가면서
새벽에 종종 깬다.
처음에는
다시 눈을 붙이려고 애썼다.
그런데
생각해보니
수도원에서는 기상 시간이다.
그래서
이젠
성당 마당으로
나가
성모님 앞에서
걸으며
기도한다.
뒤척거리느니
걸으며
기도하는 게 낫다.
나이 들어갈수록

수도자처럼
살게끔
만들어져가는 듯하다.

이렇게 나이 드는 것도
괜찮은 것 같다.

묵주기도 하며
나와 만났던 수많은 분들 위해
기도한다.

죄가 아닌 걸 죄라고

고해성사를 듣다 보면
죄가 아닌 걸 죄라고 생각하며
사는 신자들이 많은 걸 본다.

도대체
어떤 무식한 놈이
생각도 죄
감정도 죄라고 가르친 것일까.
우리가 하는 모든 행위들도
심리적인
여러 가지 요인들에 의해서 어쩔 수 없이 하는 경우들이 많은데

통제 불가한 생각과 감정을 죄라고 가르치다니
무식을 넘어서
무지막지함에
경악한다.

정신과에서 보면
그렇게 가르치는 자들을
당장 입원시킬 텐데.

사람이 하는 생각은 두 가지이다.
의식에서 만드는 생각과
무의식에서 떠오르는 생각
의식에서 만드는 생각은
교정 가능하다.
의지로 생각을 바꿀 수 있다.
그러나
바다처럼 크고 넓은 무의식에서 떠오르는 생각들은
통제 불능이다.
그런데
우리 교회는 이런 식별을 못 하고
싸잡아서 죄악시한다.
그래서
예전에

분심을 없애려고
발버둥치고
죄책감 느껴서
고해성사를 수도 없이 보는

문제는 자신이 마치 늘 맑은 생각만 하는 것처럼
연출하는 종교인들이
신자들에게
열등감 세심증 완전강박증을
심어주었다.
장담컨대
종교인들 중
늘 맑은 생각을 하고 산 사람은
한 놈도 없다
있다고 주장한다면?
사탄이다.
주님도 분심에 마음이 수도 없이 흔들리신 분인데
광야의 유혹을 상기하라.

자기가 초월자라 한다면

그건

자신이 루치펠임을 자백하는 것이다.

기도와 노동

왜관 성 베네딕토 수도원

베네딕토 성인은 수도자들에게 기도하고 노동하란 말씀을 남기셨습니다.

Ore et labora

교회에서는 기도만을 강조합니다.

그런데 왜 노동을 기도와 동등하게 강조한 것일까.

기도는 신과의 영적 소통 도구입니다.

그런데

노동 없이 기도만 하면

심리적 균형이 깨지면서 영적 비대화 현상이 나타납니다.

더 정확히 말하자면

영적 망상, 자신이 성인이 된 듯한 착각 현상

자아 팽창이라고도 하는 이런 현상은

자신이 다른 사람들과는 다른 특출한 사람으로

인식되고 심지어 영적 능력을 가진 듯이 연출하는

웃기지도 않은 짓을 하게 됩니다.

이들은 별것 아닌 것을
대단한 영적인 것인 양 둘러대는 사기꾼기질이 농후합니다.
이런 사람들은
개신교 불교뿐만 아니라
가톨릭 안에도 적지 아니 있습니다.
이들이 바라는 것은
결국 돈으로 끝나는 것이 대부분입니다.

이런 부작용을 막는 것은 노동입니다.
자기 손으로 청소하고 빨래하고 밭을 갈아야
영적인 자기기만에 빠지지 않기 때문입니다.

외적인 전례에 집착하거나
전례 시 외적인 치장에 집착하는 데 반해
강론은 뜬구름 잡는 소리를 하는 종교인들
손에 물 한 방울 묻히지 않는 이런 부류의 사람들은
경계해야 합니다.

소매치기들보다 더 간 큰 도둑놈들이기 때문입니다.

하느님의 이름을 팔아서
자기 영광을 누리고
통장을 배 불리려는 자들이기에
멀리해야 합니다.

열려있어야

중고등부 교과서에 중국에 과학문물을 전한 마태오리치한 인물이야기가 나옵니다.

중국황제가 총애한 사랑

그런데

그가 가톨릭 수도자란 것을 아는 사람은 별로 없습니다.

마태오리치는 학문선교를 하는 예수회 회원이었습니다.

그들은 중국선교를 준비하면서

봉건사회는 지도자층을 전교해야 한다는 것을 인식하고

유럽문물을 황제에게 전했을 뿐만 아니라

한학을 공부하여

유럽인이 중국인에게 한학을 가르치는 대학자가 되었습니다.

또한

이들은

중국인들의 정서를 존중하여

옥황상제가 하느님이시라고 가르침으로서

갈등 분쟁 요소를 없애고

중국에 가톨릭교회가 자리잡는데

너무나도
큰 역할을 하였습니다.
그런데
가톨릭교회의 극우보수파들이 진보적인 예수회에게
엄청난 비판을 하였고
무능한 지도자들이
예수회를 오랫동안 직무 정지시켜서
중국 내 가톨릭교회가 무너지고
박해당하는 결과를 초래하였습니다.

참으로
안타까운 일인데
그런 일들이
현대라는
지금에 와서도

번복되고 있어서
답답한 심정입니다.

교회건 어떤 조직이건 열려있어야 합니다.
故 이건희 회장은
삼성이란 기업이 커져가면서
경직되고 정체됨을 가장 경계하였습니다.
그래서
마누라와 자식 빼곤 다 바꾸란 명언을 남긴 것입니다.

열리긴커녕 닫혀있고
과거의 것만
울궈 먹는
교회는
고인 물입니다.
진화하지 않는 것은
사라집니다.

사람 공부

한 사람의 죽음
그가 살아온 이야기

종교인들은 자기 인생길 안에서
깨달음을 얻거나
뭘 하라고 한다.

젊었을 때는
그들의 말을 들으며
그들을 부러워하고
선망의 대상으로 여겼다.

그런데
나이 들고
마음공부 하면서
사람을 조금 알다 보니
그런 소리들이 공염불임을 알게 되었다.

사람이 얼마나 나약한지

사람이 얼마나 미성숙한지

사람이

얼마나 작은지

사람의 자아가

거센 물길에 쓸려가는 작은 쪽배에

지나지 않음을 알게 된 후

난

언제부터인가

신 앞에서

사람을 변호하는 자가 되었다.

신자들에게

신의 뜻 운운하면서

겁박하는 자들의 실체를

해부하는

칼잡이가 되었다.

오랜 세월
신에 대한 공포심을 갖고 살았다.

신앙의 이중성, 사람을 극진히 사랑해서 육화한 주님과
죄에 대해 조금도 용서 못 한다는 주님
전혀 다른 두 가지 모습에
한마디 이의도 제기 못 하고
믿음이란 명제에 깔려서
살았다.

그런데
껍질을 들추고 나니
신의 이중성은
신이 아니라 신의 대리인을 자칭하는 자들의 이중성
이었다.

신의 대리인을 사칭하는 자들의
실체를 알고서야

주님이 깊은 연민을 가진 분이신 것
복음의 치유적 말씀이
눈에 들어오기 시작했고
내가 본 것을 알려야 한다는
생각이 들었다.

사람을
공부할수록
복음의 내용도
더 깊이 이해가 되어간다.
그리고
오랫동안
나를 가두고
고문했던
병적인 신앙관에서
풀려나는 기쁨과 희열을 맛보고 있다.

두서없이
쓰지만
하고픈 말을 쓰고 나니
후련하다.

심리분석가들은 음식 감별사와 비슷하다

특정인에 대한 글을 올리면
당신이 뭐길래 오만하게
사람을 판단하냐고
항의하는 자들이 있다.
심리분석가들은
음식 감별사와 비슷하다.
음식 감별사가
먹을 것과 먹지 말아야 할 것을 구별해주듯이
심리분석가들도
가까이하지 말아야 할 사람들을
구분해준다.
그래서
권력을 잡으려는 사람에 대한 분석을 하는 것이다.
특히
그중에서도
돼서는 안 될 사람을 분석한다.

이렇게 말하면

그럼

넌

깨끗하냐고 물어온다.

ㅎㅎ

나 자신이 맑고 깨끗하다 여기면

더러운 자들을

알 수 없다.

내 안을

매일 보기에

다른 자들의

속이 보이는 것이다.

어떻게 보냐고-?

매일

정신의학서 보면서

내 안의 정신적 문제들을

점검한다.

그래서

사람들의
시궁창을 느낄 수 있다.
누구라도
예외 없이

연쇄살인범

 방송에서 연쇄살인범들에 대한 이야기가 회자되고 있습니다.
 공감능력 제로인 사람들
 사람을 죽이고도 죄책감을 느끼지 못하는 사람들

 이들에게
 돌을 던지는 사람들
 인간이 아니라고 침 뱉으며

 그런데
 이런 모습을 보면서
 납득이 안 가는 건
 멀쩡한 사람을 범인으로 몰아서
 인생을 망친 사람들
 선량한 사람을 간첩으로 몰아서
 평생 사회의 낙오자로
 살게 한 사람들
 수많은 사람을 학살한 책임자에게는

석연찮은 면피를 줍니다.

심지어

편들어주기까지

무전유죄

유전무죄

범죄자들조차 빈부격차가 있나 봅니다.

연쇄살인범의 얼굴을 보면서

궁핍한 아이의 모습

망가진 집안 모습

가정이 아닌 짐승 우리가 보이는 듯합니다.

태어나자마자

연쇄살인범이 되는 아이는 아무도 없습니다.

그렇다면

순진무구한 아이가

언제부터

어느 순간부터
살인마의 조짐을 보였는지를
살펴봐야 할 것입니다.
프로파일러들이 범행패턴을 본다면
영성심리상담가들은
그 더 깊은 아래
과거를 봐야 합니다.

집에서
키우던 개를 버리면
유기견이 되고
굶주리고
추위에 떨다 보면
늑대처럼 된다고 하는데
사람 역시 예외는 아닐 듯

연쇄살인범에게서
유기견의 모습이 보이는 듯

살인 욕구를 채우려고
연쇄살인을 저지른 자는
마지막으로 자신을 살해하고
인생을 끝냈습니다.

그의
영혼이 어디에서
헤매고 있을지
그에게 살해당한 불쌍한 영혼들과
사람답게 살 기회가 없이
짐승처럼 살다 간
그의 영혼을 위해 기도합니다
 한다 저 세상에서는
참회하고 착하게 살라고

근데
큰 사기친 놈은
떵떵거리고 살고

작은 경제사범들은
감옥에 가는
이런 환경이
연쇄살인범을 만드는 게 아닐까 하는 생각이 문득

69세

진짜 꼰대가 된 듯하다.
예의 바르고
인사성 좋은 아이들 보면
밥 사주고 술 사주고
동네방네
칭찬 소문 내고 싶다.

반대로
무례하고
인사할 줄 모르는 것들은
앞으로 하는 일
다 망가져라.
악담
한다.

나이들면
속이 넓어진다는데
난 아닌 거 같다.

버릇없는 것들 보면
지애비애미가 누군지
뻔하다 하는 생각을
절로 한다.
ㅋㅋㅋ
진짜
꼰대가 된 듯하다.

나이 들어
속 넓은 친구들이
존경스럽지만
내 성격 바꿀 생각 없다.

죽을 때가 되면
성격 좋아진다는 소리 들어서
ㅋㅋ

존경스런 사람

사람을
부끄럽게 만드는 사람만큼
위대한 사람은
없다.
두봉 주교님
방송에서
당신은 떳떳하고 행복하게
살아왔다고
하시는 모습 보며
울컥
존경스런 마음

가톨릭교회에서는
성인 공경한다.
혹자는
우상숭배라 하지만
성인들은
죄 중에 사는 사람들을

부끄럽게 만들고

회의적인 사람들의

마음에

빛을 주는 사람들이다

한물간 신심이 아니라.

부끄러움을

상실한 자들이

설쳐대는

지금

절실히

필요한 신심이다.

2차대전 배고픔을 경험한 분

그래서 전쟁후유증에 시달리는

한국에 오길 원했다는 분

존경스런

선배님이란

생각이 저절로

든다.

주교님의 말씀 들으면서
숙연해 하는
유재석도
참
마음에 드는 사람이다.
부끄러움을 아는 사람

세상을
바꾸는 사람들은
사람들을
부끄럽게 만드는 사람들과
부끄러움을
느끼는 사람들이다.

신종사기꾼

인권 운운하면서
사람들을 부추겨서
피해자인 양 만들고
불화를 일으키고
자신들은
정의로운 사람인 양
하는
신종사기꾼들이 생겼다.
이들은
보이스피싱보다
더
악질적이다.
깊은 숙고도 없이
<u>스스로</u>
정의롭다.
자기 세뇌된 자들이
신종 범죄자들로
등장했다.

끝까지
돌보아주는 것도 아니고
일회용 물건처럼
쓰고 버리면서
자신들이
진정한 보호자인 척하는
양의 탈을 쓴
이리들

지옥 사자들이
데려가길
바란다.

중국 묘족 의사 이야기

세상과 거의 격리된 채
살아가는 묘족
그들을 위한
단 한 사람의 의사
그의
말 한마디 한마디가
감동이다.
약효가 뛰어난 약초는
험한 곳에 자란다.
내가 쓸 만큼만 가지고
남는 것은
가난한 사람들에게
나눈다.
의학지식뿐만 아니라
심성이 현명한 군주 같은 사람

묘족의 존경을 한몸에 받고 사는 사람
그는 매일

묘족의 환자들을 위해서
험한 산행으로 약초를
얻는다.

항상
자기 민족을 생각하는 사람

그의 이야기를 보면서
우리나라에는
그와 비슷한 사람이
누가 있을까
찾아본다.

서로
신상 까발리기에
여념이 없는 와중에
묘족 의사 이야기는
신선하다.

유머가 없는 자리

어둡고 음험한 문화

몇 해 전
유명종교인들 모임에 초대받아 말석에 앉아 대화를 하게 되었습니다.
서먹한 분위기
보통 만나면
유쾌한 농담이 오고 웃음꽃이 필 줄 알았는데
마치 살얼음판처럼 싸한 분위기 뭐지?
그러다가 한 사람이
자 이제 대화해 볼까요?
하더니
그때 항간에 좋지 않은 소문이 떠돌던 한 연예인의 이름이 거론되었는데
마치 도마 위의 생선처럼 너도나도 난도질을 하는 것입니다.

그보다 더 이해가 안 간 것은

대화가 따뜻함이라곤 눈꼽만큼도 없는
냉기와 독기 품은 말들뿐

공부들은
많이들 하셨을지 몰라도
노인성격장애자들이구나
하는 생각이 들어서
자리가
몹시 불편했던 기억이 납니다.

유머와 웃음이 없는 자리는
가시방석보다
더합니다.

마음의 스펙트럼

사람의 마음 안에는
도덕적 성향과 비도덕적 성향이 공존한다.
더
자세히
말하자면
양극으로
아주 밝은 곳부터
아주 어두운 곳까지
마음의 스펙트럼이 있다.
그런데
신실한 삶을 살려는 사람일수록
자기 안의 비도덕적 성향
즉 도둑놈 심보를 보지도 인정하지도 않으려 한다.
내가 아닌 양
여러 가지 연출을 하기도 한다.
그래서
나온 사람들이
짝퉁 성인들

이들을

두고

영적 광대라고 한다.

04
네 번째 이야기방
...

관계,
사람은
항해하는
배와 같다.

좋은 사람들을 만나서 함께 어울려 지내다 보면
어느덧 상처가 아물고 새살이 생깁니다.

사람은 항해하는 배와 같다.
만족과 불만족 양쪽으로 흔들리며 가는 것이 건강하다.

라디오 상담

평화 라디오 상담
힘들 때, 전화해.
죽은 남편에게 죄스럽다는 자매
남편이 하도 속 썩여서
주님께 제발 데려가 달라고
기도했더니
일주일 만에 죽었다고...
평생
도박에 돈 다 써서
온갖 고생 다 시킨 남편

ㅎㅎ
진작 주님이 데려가려 했는데
자매님이 착해서
오래 산 거라 말해주었다.

그나저나
그 자매

기도빨 쎄다.
기도한 지 일주일 만에
남편이 죽다니

남편이 죽도록 미운 자매들이
줄이어
기도 부탁할 듯하다.

가슴이 벌렁

첫 본당 신부 시절
비가 와서
미끄러운 길
신호 대기 중인데
갑자기
폭탄 터지는 소리와
정신이 멍

뒤에서
차가 들이받은 것이다.
중년부부가
얘기하다가
전방주시 못해서...

차에서
내려보니

낡고

작은 트럭
놀란 얼굴의 부부
언뜻 봐도 궁색해 보였다.

젊은 혈기에
다친 데도 없고 해서
괜찮다고 했다.

계속 울상인 채
내 얼굴을 보는 부인
보험도 안 들은 노후 차량

병원비는 내가 알아서 할 테니
차만 수리해 달라 했다.

근데
본당 수녀가
병원 가잔다.

억지로
끌려가서
입원당했다.

근데
다음 날 아침
목이 안 돌아간다.
헐
어
이게 머꼬
뒤로 들이받혀서
근육들이 놀란 것이란다.
하루
물리치료
시간이 지리해서
퇴원하려는데
담당 간호사가 들어왔다.
심쿵

넘 이쁜...

삼십 대인 내 가슴이 벌렁거렸다.

신부님
괜찮으세요?
아니요.
여기도 아프고
저기도 아파요.

너무나 이쁜
그녀 때문에
삼 일을 더 입원했다.

회진 후 나갈 때
이쁘게 미소 짓던

근데

왜 삼 일만 입원했냐고?
그 친구만 보면
넋이 나가는 날 보고
다른 간호사가
넌지시 말했다.

신부님
저 쌤
남친 있어요.

그래서
바로 짐 싸서 나왔다.
ㅋㅋ
삼 십 대
심장이 벌렁거리던
그때가
그립다.

지금은
이쁜 여인들 보면
피곤하다.

이쁜 것들은 성질이 더러워
자기최면의
효과 때문이다.

과거와 다른 나

신부님은
나이들어 가시면서
성격이 더 까칠해져 가세요.

젊은 시절의 나를 알던 이들의
공통적인 말들

그럴 만도
젊었을 때 모토가
Omnibus Omnia였었다.
모든 이에게 모든 것을

파김치가 되도록 일했다.
그러다가
쓰러졌고

상담을 만나면서
내 인생 전체를 갈갈이 분해하고

다시 조립하는 길고 힘든 과정을 거치면서
전혀 다른
아니
본래 내 모습을 찾았다.

45세에 만난
상담
5년이란 긴 시간을
인내로
안내해준 채준호 신부

성모께서 주신 큰 선물이었다.
그러나
쉽지 않았다.

껍질을 벗는 괴로움의 시간은
자기 부리로
자기 털을 뽑고

자기 부리를 바위에 부딪혀
부러뜨려
새털과
새 부리를 얻는다는 솔개의
삶과도 같았다.

피투성이
멍투성이

마음의 자유로움은
고통과
진통을 거쳐야 얻어진다는 것을
진저리날 정도로 경험했다.

그러니
과거와는 다를 수밖에

그것이 궁금하다

사람들을 만나다 보니
참
다 다르구나 하는 생각이 듭니다.
내적인 귀족과 천민

웬 계급론이냐 항변할지 모르지만
그런 계급이 아니라
품성을 말하는 것이다.

내적인 귀족과 천민성은
그가 하는 언행을 통해서 안다.

내적인 귀족들의
공통점은
진정성 배려심 존중심 정직함 등등이다.

내적인 천민들은 어떠한가
의외로

소위 내로라하는 사람들 중에 많다.

이들은
자기반성이 전무인 것이 특징이다.

직권으로
사익을 추구한다.

종교를 자기 은폐용 혹은 돈세탁처럼
자기세탁용으로 쓴다.

한마디로
후안무치이다.

내적인 귀족들은
조용히
봉사하고 기증하고 헌신하며 산다.
가난한 분들 중에

이런 분들이 많다.

천민들은
남의 돈으로
생색내고
뜯어먹기 바쁘고
온갖 감언이설로
분열을 책동한다.

이런 귀족 천민 현상은
어제오늘의 이야기가 아니다.

그럼
넌
어느 쪽이냐?

난
우도라고

말했다.

주님 오른쪽에 매달린 도둑

그나마
왼쪽에서
오른쪽으로 온 거 같아
다행이다.

난
내가
도둑이라
도둑놈들을
너무
잘 안다
같은 업계이므로

도둑들은

경제계 정계뿐만 아니라
종교계에도
수두룩하다.

난
그분들
신발 끈
풀어줄
자격이 안 되는
찌질한 도둑에 지나지 않는다.

하느님을
겁박하고
세상이 자기를 중심으로
돌아갈 거라 허세 떠는
자칭 본훼퍼에
비하면

근데
그자가 하는 말들이
신학은커녕
개소리가 대부분인데
왜
그리
추종자가 많을까

그것이 궁금하다.

험담

하루에 몇 번이나 험담을 하는가...?
교황께서는 험담을 하지 말라 하셨다.
아마도 교황청 내의 험담 질에 질리신 듯하다.
험담은 마음 안의 심리적 배설물을 공동으로 토해내는 심리적 기능이다.
험담을 하지 않으면, 마음 안에 쌓일 가능성이 높다.
문제는 험담중독중이다.
입만 열면 험담부터 하는 것은
심리적 문제가 있기 때문이다.
위축된 자신의 위상을 높이려는 것이 험담이다.
즉 심한 인정 욕구가 험담을 불러온다는 것이다.
오래전
종교전문인 모임에 초대받았다.
내로라하는 전문인들이기에
무언가 배울 게 있을 것 같아 갔었는데
대뜸
나온 말들은 학문적인 것이 아니라
꼰대 같은 험담 질이었다.

한마디 하라기에
이건 아닌 것 같다고
한마디 하려다가
나도

씹힐까 봐
침묵을 지켰다.
험담이 아닌
한 수 배우고픈 마음인데

노인분과 늙은이

소노 아야꼬
노인에 대한 따끔한 글을 쓰신 분
노인이라고 해서 남의 도움을 받을 권리가 있다고 생각하는 것은 착각이다.

가끔
내가 나이가 몇인데 하는 노인분들을 봅니다.
그럴 때
사람들은 속으로
저 늙은이 또 시작이다 합니다.

연세 드신 분 중
한 길을 걸어오신 분들
아랫사람들 잘 챙기시는 분들
늘 공부하고 기도하시는 분들
어르신이란 호칭이 따릅니다.

종교계 정치계에서

어른을 보기 어렵다는 말들이 돕니다.

참
노인되기 쉽지 않습니다.
꼰대 늙은이 소리만 안 들으면
다행일 듯

중국 신자들

지금은 중국 화장실들이 거의 다 문이 있지만
몇 년 전에는 없었습니다
특히 시골에는 전무했다.

김대건 신부님 발자취 따라 중국 순례 중
미사를 하다가 갑자기 복통
양해 구하고
제의 입은 채 화장실로
근데 외부에 있는 데다 문이 없이 개방형
사람 나타나면 어쩌지 가슴 조이며
제의 자락으로 가리고 용건 보는데
갑자기 중국 신자들 출현
허걱
근디
다들 다소곳이 고개 숙여 인사하는 것
하는 수 없이 쪼그리고 앉은 채로
인사받고 강복주고

착하고 신심 깊은 중국 신자들
모두 잘 계신지
우환 사태 생기면서
문득 생각납니다.

가짜뉴스

가짜뉴스로 다른 사람들에게 해를 끼치고도 전혀 가책을 못 느끼는 신종범죄자들
대부분 어린 시절부터 기계가 친구였던 사람들
사람이 아닌 기계가 친구였던지라.
아픔도 공감도 없는
기계 인간들
오로지 자신의 감정만 아는
기계적 이기주의자들
성장 과정에서 사람에 대한 배려를 배우지 못한 사람들
일그러진 성격 장애자들
이들이 마치 개구리에게 장난삼아 돌을 던지듯
선량한 사람들에게 가짜뉴스라는 돌을 던지고 있습니다.
신종범죄자들입니다.
모르고 그랬다.
고의는 아니었다.
영악한 답변으로
빠져나가는 이들은 신종 사이코패스들입니다.

현대인들

눈이 없어도 보고
귀가 없어도 들으며
감각이 지각하지 못하는 것을 지각하고
추론 없이 이해한다.

마음의 눈에 대한 이야기
현대인들은
눈에 보이고
손에 만져지는 것만 믿는다.
도마사도처럼

그러다 보니
의미맹이란 소리를 듣는다.

눈에 보이는 것만이 세상의 전부가 아닌데

몇 사람의 남자들이
폰을 보면서

열띤 토론을 한다.
옆에서 흘깃 보니
주식시세

빼꼭한 숫자를 보며
갑론을박하는 모습

거의 하루종일 본단다.
ㅊㅊ
저러다
주가 하락하면
쓰러질까 걱정된다.

성장 과정

범죄자가 잡히면
감방에 보내고
잊는다.
간혹
프로파일러들이
범죄심리분석을 하지만
그것 역시
범죄자라는 전제 하의 분석이다.

어떤 범죄자라도
성장 과정 어린 시절이 있다.
연쇄살인범으로

태어난 아이는 없다는 것이다.

그런데도
우리는
그들이

마치
나와는 아무 상관 없는 사람인 양
처음부터
그렇게 태어난 사람인 양 한다.

그런
무관심이
그런 사람들을
만드는 것인데

아이들이
어두움 속에서
자라지 않게
돌보아주어야 하는 이유이다.

아이들의
미래는
어른들이

아이들을
어떻게 대하는가에 달린 것이다.

서툰 시

길을 가는데
뒤에서
오던 사람들이
하는 말
내가 60이 되고 보니 말이지

ㅋㅋㅋ
세상 다 산 듯이 말하는 걸
들으면서
실소가 나왔다.
라떼는 말이지 비슷해서

가끔 만나는 신자들
환갑둥이들이다.
같이 놀면서
어린 것들이
하며 놀려 본다.
나는

나이 들어도
마음은
여전히
소년인 것 같다.

아니
나이 들어가면서
소년의 감성을
찾으려고
노력 중이다.
시심을
가져보려고
애써 본다.

몸은 늙어가도
마음은
세상의 아름다움에
눈뜨고 싶어서

사진을 찍고
그림을 그려보고
서툰 시를
써본다.

안 그러면
마음이
늙어갈 것 같다.

바꿀 수 없는 몸

살려고 그토록 애썼는데

정신적, 육체적 병을 얻은 사람들을 두고 하는 말이다.

대부분의 사람들이
겉으로는 별일없이 잘 지내는 듯이 보이지만
속으로는
살얼음판 걷듯이
자기 한계를
넘나들며
살고 있다.

마치
하루살이 인생인 양

그런데
이렇게

자신을 극한까지 몰아붙이면
결국에는
쓰러지고 만다.

오래전
중고차 하나를 구입했다.
차에 대해
너무 모르던 터라
무조건
장시간 몰았더니
달리다가
엔진이 꺼져버리는
불상사가 생기곤 했다.

나이 든 차들은
쉬엄쉬엄 몰아야 하는데

인생 역시

그러하다
나이 들수록
쉬엄쉬엄
가야 한다.

젊은 시절은
경주마처럼
달려도 되지만
나이 들면
노새처럼
터벅터벅 걷는 게 좋다.

차는
돈이 있으면
바꿀 수 있지만
사람의 몸은
바꿀 수 없다.

정치인들

선거 안 하세요?
안 합니다.
왜요?
정치인들 말하는 거 보면
서로 머리 뜯고
진흙탕 쌈질이라
개판에
끼어들기 싫어서요.

요즘
정치인들은
희한하게 비슷한 말들을 한다.

한결같이 정의의 사도이다.
한결같이 박해당했다 한다
한결같이 부정부패 없다 한다.

그 중의 한 놈이라도

자기 반성하는 자를
못 보았다.

법치 상식
좋은 말은
다 끌어쓰면서
하는 짓은
반푼이다.

죄송하다.
미안하다.
왜
사과 한마디
못 할까

참
얼굴 두꺼운
족속들이다.

남성 트로트 가수 선발전

어린 한 친구가
청중들을 울렸습니다.
구성지게 부르는 노래를 들으며
모두가 울컥...
노래 본 주인인 진성이란 가수는 아예 눈물범벅
그런데
그
노래를 가난하게 살다가
폐병으로 고통받는 할아버지에게
드리고 싶다는 말에
모두가 눈물바다
살벌한 정치판에 넌더리가 나다가
가슴 울컥한 장면을 보면서
우리 사회의 참모습을 보는 것 같아
흐뭇했습니다.
할아버지 생각하며
우는 손자의 모습이 얼마나 예쁘던지
또 그 또래들이

토닥여주는 모습이 얼마나 대견하던지
많은 것을 생각하게 한
시간이었습니다.

함께할 수 있는 사람

사람으로 인해 상처받은 사람들이 있습니다.
몇 년이 지나도
잠을 못 이룰 정도로
그에게는
사람이 독이었던 것입니다.
그런 사람들에게 가장 좋은 처방은
사람입니다.
좋은 사람들을
만나서
함께
어울려 지내다 보면
어느덧
상처가 아물고
새살이 생깁니다.

반려견
반려식물
다 좋습니다만

이야기를
함께 할 수 있는
사람이
가장 좋습니다.

대화

대화
심리치료에서는
대화를 아주 중요하게 여깁니다.

대화가 주는 이득
1. 대화하면서 자기 생각이 더 논리화됩니다.
2. 생각의 촉이 더 섬세해지고 날카로워집니다.
3. 심리적 긴장이 풀리고 여유가 생깁니다.

편하게 말하자 해놓고
말꼬투리를 잡거나
추후 불이익을 주는 사람들은
성격장애인들
속칭 진상들이니
그런 자들과는
대화를 삼가야 합니다.

요딴 식으로 ㅋㅋ

선배가 후배들에게 심한 갑질을 합니다.
어떻게 해야 할까요.

왕따시키세요.

그래도
선배인데요.

선배 노릇 해야 선배입니다.

어떻게 왕따시킬까요.

얼굴 마주칠 일 없애시면 됩니다.

그래도
신앙인들은
사랑을 베풀어야 하지 않나요.

선택하세요.
사랑해주다... 상처 입고 화병 나든가.
좀
마음이 꺼끌해도
거리 두기 하면서 편안히 살던가.

제가 어느 쪽을 해야 좋을까요.

헐

님의 인생이니 님이 고르세요.
요딴 식으로 상담해서
요즘은
아무도 안 옵니다.

부모

사람에게는 부모가 필요하다.
그냥 부모가 아니라
아버지다운 아버지
어머니다운 어머니가 필요하다.
아버지가 아버지 노릇을 못 할 때
자식들의 마음 안에 아버지의 자리는 텅 빈다.
어머니가 어머니 노릇 못할 때
어머니 자리가 빈다
부모가
부모 노릇을 못 할 때
그 아이는
심리적 고아가 된다
마치 바다 한가운데서
어디로 가야할 지 모르고 표류하는 선박처럼 된다.
간혹
운이 좋아
두 번째 부모
멘토들을 만나는 경우도 있다.

구조선처럼
그러나
아무런 구조선을 만나지 못할 경우
난파선이 된다
알콜 중독, 마약 중독 등…
중독자가 된다.

운 나빠서
해적을 만나면
범죄자가 되고 만다.

사람들의 사연을 듣다 보면
그의 과거가
그의 부모가 보인다.

사람 마음

진심으로 사랑하지 못했어요.
미운 마음이 가시질 않아요.
귀에
딱지가 앉도록 들은 이야기

사람 마음에 대해서 모르는 탓에 하는 말입니다.
사람의 심리적 구조
뇌 구조상
다른 사람을 온전한 마음으로 사랑한다는 것은 불가능합니다.
우선
사람의 마음은 자아가 여럿이라 그렇습니다.
어른의 자아와 아이들의 자아가
한 방안에 드글대기에 한마음이 되기 어렵습니다.
사랑하겠다고 결심해도 그 옆에서 그런 쓸데없는 짓 왜 하냐고 땡깡피우는 자아들이 있기 때문입니다.
뇌 구조상으로도 불가합니다.
인간의 뇌는

파충류 포유류 영장류의 세 가지 뇌로 구성되어 있어서 온전한 마음으로 사랑하기 어렵습니다.
그럼
어떡해야 하는가
그럼에도 불구하고
해를 끼치지 않기만 하면
미운 마음이 가득해도
두들겨 패지만 않아도
큰 희생이고 사랑입니다.

어떤 분이 오셔서
옆집 여자가 하는 짓이 넘 미워서
베개에다 그 여자의 얼굴을 그리고
발로 밟았다 하길래 잘했다 했습니다.
그러다가
그 여자가 정말 죽으면 어떡하죠?
그건 그 여자 팔자라고
따뜻이 조언해 주었습니다.

그래서인지
가끔
아침에 일어나면
얼굴이 붓습니다.
누군가가 내 얼굴을
베개에 그리고 밟는지... ㅋㅋ
그렇게 해서라도 속이 풀린다면

그런데
종교지도자들 중에
신자들에게
완전한 사랑 온전한 마음을 강조하는 사람들이 있습니다.
도 높은 사람이 아니라
완전 강박증 환자들이니
거리두기 하심이
좋습니다.

자식에 대한 엄마의 걱정

자식에 대한 깊은 걱정을 털어놓으며
도움을 청하는 엄마들
상담에 대한 반응은 두 가지로 나타납니다.
자식은 괜찮은데 엄마가 정서불안인 듯합니다.
아이의 성장 과정은 어떠했는지요.
하고
물었을 때
아이보다 제 문제가 큰가요
하고 본인의 상담을 청하는 사람이 있는가 하면
아이 문제 봐달라 했지
제 문제 봐달라 했나요 하면서
딱 발길을 끊는 사람도 있습니다.
아이를 자신이 잘못 키웠다고 비난받는 것으로 곡해한 것입니다.
이런 경우
정말로
엄마가 문제인 경우가 많습니다.
자식에

대한 걱정을 한다고 해서
다 엄마 문제인 건 아닙니다.

지나친 자식 걱정은
자기방어일 수도 있으니
조심해야 합니다.
그런 엄마 밑에서 자란 아이들은
엄마 비위 맞추는 이중 정신병에 걸릴 수 있기 때문입니다.

부모와 자식 관계

부모에게 효도하라.
어릴 때부터
귀에 딱지가 생길 정도로 들은 이야기
실제
부모에게 효도하는 자식들의 모습은 아름답습니다.
그런데
가끔은
부모가 부모답지 않은 경우들도 봅니다.
자식을 양육이 아니라
사육하는 부모
자식을 부모의 종처럼 여기는 부모
그런 사례들 중
최악의 경우들도 있었습니다.
착한 자식의 콤플렉스 건드려서
시도 때도 없이 부르고
돈을 요구하고
견디다 못한 자식이 정신병에 걸린 사례도

그런 경우에는
부모에게 효도하지 않아도 된다고
말해주는데
효도콤플렉스가 이미 뿌리를 깊이 내렸는지라
그것을 뽑아내기가 쉽지 않습니다.

좋은 부모님들 참 많습니다.
그런데
간혹 좋지 않은 부모들도 있어서
자식을 힘들게 합니다.

부모는 자식복이 있어야 하지만
자식은 부모복이 있어야 합니다.

불만

불만
만족하지 못한다는 것
혹자는
불만을 부정적으로 비판하기도 한다.
자족
작은 것에도 만족하는 것을 강조하고
사람의 도리라 가르치기도 한다.
세상을 부정적으로만 보는 이에게는
이런 가르침이 맞다.

그러나
모든 가르침이 절대적인 것은 아니다.
만병통치약이 없듯이
자족, 만족의 강조는
욕구의 억압이 뒤따르기도 한다.
그래서
신경증적인 뒤틀린 영성이 형성되기도 한다.
다른 사람들이 불만족한 태도를 보일 때

비난하거나 가르치려고 잔소리하는 것은
나의 상태가 건강치 않아서이다.

혹은 자기 과시적 자족일 때도
같은 병적인 현상이 생긴다

지나친 자족은 무기력증을 낳기도 한다.
사람은
항해하는 배와 같다.
만족과 불만족
양쪽으로
흔들리며
가는 것이 건강하다.

아무리
좋은 말이라도
지나친 강조는
문제를 일으킨다.

05
다섯 번째 이야기방
...

영성심리,
하느님은
자기마음을 통해
알 수 있다.

영성심리에서는 사람을 볼 때 성숙의 정도로 본다.
성숙해질수록 자기 문제를 잘 본다.
나를 이해하면서 주님과의 거리감도 줄어들었다.
심리공부하면서 기도시간이 더 늘었다.
인간의 유한성, 영장류보다 포유류에 가까움을 본 후에
나의 생각의 한계성을 인정하고 나니 기도하게 되었다.
심리치료는 처음에는 치료이나 시간이 가면서
구도자의 자세로 전환된다.
자기 문제를 화두 삼아 다듬어가는 수행자 수도자의 삶으로
들어서는 것이다.
그래서 심리학자들은 수행자들이다.

따로국밥

인간은 생각과 마음이 따로국밥이다.
이웃사촌이 땅을 사면
말로는 칭찬하는데
속은 뒤틀린다.
이건 본능이지 죄가 아니다.
근데,
많은 신자들이 생각과 마음이
일치하지 않았다고 고백한다
일치가 불가능임을 모르는 것이다.

이런 경우
자신을 정죄하지 말고
정직한 기도를 해야 한다

그래야
속 편히 살 수 있다.
안 그러면
피부 트러블 생긴다.

바보들

세상에는 여러 종류의 바보들이 있다.
되돌이킬 수 없는 과거에 머물며
자책하며 시간 낭비하는 바보

일어나지도 않은 일을 걱정하며
할 것도 안 하는 바보

달라지지 않을 사람들을 바뀌게 해달라.
징징대는 바보들

자신을 과대평가하거나
반대로
과소평가하는 바보들

영성심리

신부님은 왜 강의 때 하느님 얘기를 잘 안 하세요?
관심사가 사람이라서
하느님에 대해서는 이미 다른 신부들이 하는데
사람에 대해 말하는 신부는 별로 없어서

사제는 신학만 하면 됐지 왜 잡다한 공부를 하세요?
신학은 말 그대로 신에 대한 학문이지요.
그런데
신도 사람이 없으면
존재 의미가 있을까요.
아이를 낳으면
부모는 온통 아이에게 모든 것을 줍니다.
하느님도 인간에게 올인하셨지요.
그래서
아드님도 보내신거구요.
그렇게
애지중지하시는 사람에 대해
알려고 하지 않는 게

더 이상한 일 아닐까요!

그래도
그냥 영성론 정도면 되는데
영성심리는 또 뭔가요.

제가 물을게요
중세 마녀사냥이란 희대의 범죄를 저지른 사람들이 누구인지 아시나요?
당대
신학에 능통하고
엄격한 기도생활 한다고
자부하던
수도자들이었어요.
그들이 왜 그랬을까요.
멘탈이 고장 난 겁니다.
즉 정신병자들이었지요.
그런데

정통영성 신학에서는 정신 병리 현상을 알 수 없어서
그들에게
칼을 쥐여준 것입니다.
그런
미친 수도자들이
유럽에만 있었던 게 아니더군요.
남미 곳곳의 마녀사냥
기도를 많이 한다고
엄격하게 산다고 해서
심리적으로 건강한 게 아니란 반증은 많습니다.
지금도
정신병원에
지나친 기도생활로
입원하는 사람들이 적지 않습니다.
또
외관상으로는 그럴듯해 보이는데
하는 짓은
영 진상짓을 하는 사제들을 보면서

영적인 사기꾼들은
왜 생길까? - 물음의 연속

이런 문제가 왜 생길까 궁금해하다가
영성심리를 하게 되었고
하다 보니
종교정신병리까지 하고 있는 것입니다.

근데
이런 분야의 관심은 이미
오래전부터
있어 왔습니다.
성경에서
회칠한 무덤들이라고
기록된 것을
보면
당시에
이런 문제에 대해

주님께서도
관심 있으셨음을 알 수 있습니다.

회칠한 무덤은
그 속을 파야 알겠지요-
그게 영성심리입니다.

영성심리는
영적 포장
영적 연출
영적 은폐
영적 기만 같은
반복음적인 것들을
분석하는 것입니다.

포장 예쁘게 한
썩은 생선을
끄집어내는 것이지요.

심리적 의료사고

종교인들이 쓴 글을 보면
내용은 맞는데
사람 마음에 대해
무지하구나 하는 생각이 드는 것들이
부지기수로 많습니다.

사람 마음을 변화시키는 것이
별로 어려운 일이 아니란 투의 글들
기도와 자기 의지로
마음을 바꿀 수 있는 것처럼
이야기하는 내용들을 보면
실소하게 됩니다.

우리는 살을 빼거나
몸 만드는 것이 어렵다고
살과의 전쟁이란
어마 무시한 말까지 사용합니다.

그러나
독하게 마음먹으면
몸은 변할 가능성이 높습니다.

그렇다면 마음은 어떤가?
문제가 다릅니다.
마음은
각 개인의 성장 과정,
상처, 콤플렉스들에 따라 다를 뿐만 아니라

깊고 깊은 무의식이 있어서
변화가 쉽지 않습니다.

오염된 바다를 정화하겠다는 것 이상으로
어려운 일입니다.

그냥
하루하루

다듬고 노력할 뿐입니다.

그런데
그런 마음을 그럴듯한 종교언어 몇 개로
바꿀 수 있는 듯이
현란한 화법을 구사하는 글들을 보면

찾아가서
그 사람을 심리 해부하고픈 생각이 굴뚝 같습니다.

종교적 메시지를
남발하는 사람들은
돌팔이 약장수가 만병통치약 파는 것과 같은 짓을 하는 것입니다.

그 말을 따라 살려고 노력하다.
심리적 내상을 입은
사람들이

상담소를 찾습니다.

착한 신자들이라
말대꾸도 못 하고
꿍꿍 앓다 오는데
그래도
무식한 그 종교인들을 감쌉니다.

제발
사람 마음이 어떤 건지
공부 좀 하시길...

자기생각을
하느님 뜻인 양
자신이 사도인 양
행세하지 마시길

의료사고는 사회적 문제로 크게 다루어집니다.

그런데
심리적 의료사고는
은폐되고 덮어질 뿐만 아니라
심지어
미화되고
영적 포장되는
어처구니없는 일들이
모든 종교에서
벌어지고 있습니다.

종교인들의 무지가
사람 잡는 것입니다.

자리

자리
자리를 잡았다.
자리가 좋다.
경제적 관점의 자리

심리적 자리도 있다.
좌불안석이란
자기 자리가 아닌 듯할 때
느끼는 감정이다.

마음이 편안한 자리가 자기 자리이다.
어쩌면
우리는 평생을 자기 자리 찾느라
애쓰며 사는지도 모른다.

남의 자리가 부럽지 않고
내 자리가 편할 때
사람의 정신건강이 가장 좋을 때이다.

상담을 하면서
이 자리가 내 자리임을 느낀다.
하루 내내
공부하고
운동하고
원고쓰고
유튜브 찍으면서
비로소
시간을 제대로 쓰고 있다는
만족감이 느껴지고
비록 작고 좁은 사무실이지만
길을 헤매는 이들에게
선물할 글과 영상을
만들면서
긍지를 느낀다.
언젠가
후손들이
내가

일하던 자리에서
나에 대한 기억을 해준다면
최고의 행복일 듯하다.

도인

도를 닦는 사람
많은 이들이
수염 길고
구름 탄 사람을
연상한다.
감정을 초월하고
신선의 경지에 오른 사람
그런 상상들이
사이비들을 양산한다.
모방도인들

영성심리에서는
사람을 볼 때
성숙의 정도로 본다.
성숙해질수록
자기 문제를 잘 본다.
미성숙할수록
자기 문제를

남에게 전가하고
자신은
아무 문제가 없는 듯이
군다
초월한 척
정의로운 척
거룩한 척
한다.

성숙할수록
인간다워지고
평범해진다.
미성숙할수록
자신이 신의 경지에 도달한 양 한다.
심지어
어떤 자들은
자신이 신이라 칭한다.

자기망상에 빠진 것인데
의존중자들이
추종하면서
사이비 교주가 된다.

감정 표현

오래전 영성가들은
감정을 드러내지 않는 것을
미덕 내지는 영성 수준이 높은 것으로 생각했다.
그러나
영성심리가 발전하면서
그 내면의 실체가 드러났다
영적 수준이 높은 것이 아니라
우울증이고 무기력증이란 것을
혹은
자신의 실체가 드러날까 두려운 나머지
가면을 뒤집어쓴 것이란...
감정 표현이 적은 것
얼굴에 감정 표현이 없는 것은
신경증이란 것이 드러난 것이다.
초월은
무표정이 아니라
행복한 얼굴이다.
무표정은

자칫
치매와 암을 유발할 수 있으니
경계해야 한다.

거룩한 삶

거룩한 삶

영성을 강조할 때

가장 많이 사용하는 말이다.

그런데

거룩함을 지향하는 삶이 때로

자기기만이나

신경증적 증세를 유발하기도 한다

심지어 이분법적 분열증의 원인이 되기도…

거룩함을 지향하면서

거룩하지 않은 것을 멀리하고 혐오하다 보니

자기 안의 어두움, 추함을 받아들이지 못하거나

심지어 타인에 대한 혐오감

자신에 대한 혐오감에 시달리고

끊임없이

닦고 또 닦는

세심증 강박증에 시달리는 것이다.

영성심리에서의 거룩함이란

자신이 거룩하지 않음을 인정하는 것이다.
자신의 어두운 욕망
자신의 추한 면모를 바라보고 인정하는 것이다.
이것이
진정한 겸손인 것이다.

거룩한 척하는 것은
자칫
입으로는 하느님을 부르면서
실제로는
하느님보다
자신을 더
중요하게 여기는 딜레마에 빠진다.

이런 사실을 반증하는 것이
복음의 둘째 아들 이야기이다.

큰아들의

이중성이

어떤 것인지

잘 분석해 보아야 한다.

질문이 허용되지 않는 대학강의

오래전 신학생 신입생 시절
강의시간에 질문이 허용되지 않는 희한한 경험을 하면서 충격받았었다.
대학강의가 받아쓰기라.

의문과 물음의 파도가 넘치는 철학 신학 시간은
침묵과 받아쓰기로 일관

이런 식의 교육은 사람들을 공장에서 물건 찍듯이 할 터인데 걱정했던 기억

다행히
혈기 넘치는 청년들인지라
모여서 대화하고 토론하면서
수업의 빈 구멍을 채웠다.

지금도
질문 불허할까.

세월이
한참 흘렀으니
달라졌으리라.
기대한다.

모가디슈

모가디슈
류승완 감독 작품

주위에서 한번 보라고 했지만
차일피일
그게 그거겠지
남북갈등

시간 때우려고
차 안에서
그냥
보기 시작
그런데
영상에서 눈을 떼지 못하고
끝까지 다 보았다.
액션신은 둘째
감정 표현의 섬세함이
가슴을 울컥하게

다 보고 나서도
가슴 아림이 한참 갔다.

많은 것을
생각하게 하는 영화

류승완 감독
액션영화만 찍는 줄 알았는데
깊은 철학을 가진
감독이란 걸

한반도 문제에
관심 갖는 분들에게
강추하고 싶다.

좋은 영화는
사람에게
생각을 하게 한다는 말이

정치의 최상은 덕치 최악은 법치, 법치가 판치는 세상

옛날

아이들이 말을 안 들으면

순경 아저씨가 데려간다고 했다.

아동학대가 이슈화된 후

상황이 바뀌었다.

자식이 부모에게 경찰에 신고한다 겁박한다.

군대

사병들이 군 문제를 경찰에 신고한단다.

학교에서

학생들이 교사를 경찰에 신고한 지는 이미 오래되었다.

부모

교사

지휘관 위에

경찰이다

그런데

이번에는
검사들이
그 모든 걸 하겠단다.
헐
정치의 최상은
덕치이다
최악은 법치이다.

법치는
사람들을
사람으로 보지 않고
동물 취급한다.

법조인들이
판치는 세상은
좋은 세상이 아니다.

너무

많은

법조인들이

사회 곳곳에서

법치를

주장한다.

잃어야 얻는다

주디스 비올스트는
인간이 태어나면서부터 죽음에 이르기까지의 과정을
주의 깊게 살펴본바
꼭 필요한 상실이 있다고 말한다.
무언가를 잃을 때 성장할 수 있다는 것이다.
성장의 주원동력은
상실이란 것이다.
유아기를 포기하지 않으면
청소년기에 들어서지 못한다.
주님께서
새 술은 새 부대에 하신 것은
상실의 중요성을 말씀하신 것이다.

인생에서
노년기는
가장 많은 것을 상실하는 시기이다.

건강

돈

친구들의 죽음

등등

그러나

이런 상실을

통하여

인생에서 무엇이 가장 중요한가를

생각하게 된다.

모든 것이

다 떠나고

사막에 홀로 남은 듯한 시간에

비로소

신을

자기 영혼을

생각하게 된다.

Cogito, ergo sum

생각하는 사람들이
늘어날 때
진정한 선진국이 된다.
소득 수준이 높다고
선진국이 되는 것이 아니다.
이것은 사람도
마찬가지
돈 많고
권력자라고
사람이 된 것은 아니다.
차별의식 강하고
막말 쏟아낸다면
껍질은 양반인데
속내는 천민이다.

유럽투어 중
이태리 기사분
잠시 쉬는 중에도

늘 독서
손님들에게도
정중한 그를 보면서
신자분들은
그 기사분에 대한
존경심을 가졌다.

Cogito, ergo sum.
두고두고
새겨둘 말이다.

이해가 안 되는 인간

 동물들이 보기에 이해가 안 되는 인간
 영역을 지키고 서로 공존하며 살면 되는데, 꼭 남의 땅을 빼앗는다.
 쇠로 만들 도구가 무진장인데, 총을 만들어서, 자기들끼리 죽이고 죽는다.
 관광지 만들어서, 시를 짓고 노래 부르면서
 떠날 때는 쓰레기 버리고 간다.
 너무 숫자가 많아서, 똥오줌 싸는 양이 엄청난데 동물 탓을 한다.
 먹어대는 게 엄청나서, 나중에는
 자기들끼리 잡아먹을 듯이 보인다.

그놈이 그놈 같은데
차별이네 혐오네 한다.

동물들 중에서 가장 욕심 많다.
죽을 때까지 쓰지도 못할 종이 쪼가리 모으느라
애쓰다.

과로로 죽는다.

좋지도 않은 교도소같이 보이는 집
그 집이 그 집 같은 집을 지어놓고
벽에 이름만 그럴 싸이 써놓고
억 소리 나게 값을 부른다.
친환경 어쩌구 하면서

칼로
얼굴 잘라내는 고문을
돈 주고
당한다.
성형이라나

공 하나만 잘 다루어도
영웅 된다
공 하나에
수많은 인간들이

정신을 못 차린다.
축구공 농구공 골프공
작은 공 하나만 던져주어도
거대집단의 눈길이
꽂힌다.

남편이나 챙기시지

며칠 전, 지인들과 대화 중 들은 이야기
미국 유학 간 자식에게 모든 걸
다 바친 부모
자식은 다행히 미국에서 의사면허 취득
근데
결혼 후 부모와 손절
아들에게 올인해서
경제적으로 어려운데
아예
단절
부모는 경제적으로뿐만 아니라
마음의 상처까지

애기를 들으면서
부아가 치밀어올랐다.

심리상담에서는
자식에게 올인하지 말라고 권한다.

자식이
고마워하지도 않을 뿐 아니라
나중에
불효한다고

그런데도
아직도
자식에게 올인하는 어머니들이 수두룩하다.

아들은 둘째고
며느리들이 싫어한다.

결혼하면
내 자식이 아닌데도
연연해하다가

눈물범벅인 채
상담실 찾는 이들이

적지 않다.

남편이나
챙기시지

학습된 무기력증

성공한 경험이 부족하면
찾아오는 중세이다.
난
아무래도 안 되나 봐
이들의 뒤에는
몰아대는 이들이 있다.
잘 했어가 아니라
조금만 더
아직도 갈 길이 멀어
하면서
다리 풀린 사람을
재촉하는 자들

이런 현상은
신앙계에서도
나타난다
아직도
부족해

더
기도해

몰아붙이면
난 안 되나 봐 하는 무기력증이 생긴다.
소위
죄인콤플렉스
늘
자신을 쥐어박는다.
병적인 겸손
자학적인 기도

소위
열심히 한 신자 중에
흔한 증세이다.

더
문제는

주변에서
말리는 게 아니라
성인 같다는 둥 하면서
강화시켜서
증세를 악화시킨다.

ㅊㅊㅊ
사람 마음에 무지해서
벌어지는 촌극들이
넘
많다.

마스크 쓴 강의

방역수칙 지키느라 띄엄띄엄 앉은 교우분들
마스크 써서
표정이 안 보여
강의할 때 힘들어 죽을 뻔했노라 했더니
우린 마스크 쓰고 웃느라 죽을 뻔했다 한다.
ㅎㅎ
영성심리 강의 다니며
코로나 격리로
지친 교우분들의
얼굴에
잠시라도
웃음꽃
피게 해드리는
즐거움과 보람이 크다.

귀여운... 욕설에
까르르 자지러질 듯이
웃는

신자분들이
귀엽기만 하다.
80대에서 20대까지
다양한 연령대의
분들과
시간을 보내며
사제상담가 되길 잘했다
행복하다는
뿌듯함이 느껴진다.

나이 드니 좋은 게

부산의 후배 신부들이
나이 50들이 넘었어도
귀여운 동생 같고
신자분들도
귀엽기만 하다.

주님과 성모님께서
허락하신다면
죽기 직전까지
개그 강의를 하고 싶다.

뒷담화

프란치스코 교황께서는 뒷담화를 하지 말라고 하십니다.
이것은 어떤 의미로 말씀하신 것인가.
공동체의 문화 중 어두운 문화에 대해 경고를 하신 것입니다.

험담은 물론이고 근거 없는 비난, 심지어 음모까지 꾸미는 어둡고 습한 문화
이런 문화는 왜 생기는가.
공동체가 고인 물 같을 때 생깁니다.
겉으로는 고요한 듯하지만
속은 썩어가는
냄새 나는 고인 물
아무도 마실 수 없는 물

물은 흘러야 합니다.
그래야 썩지 않습니다.

상담 공부

상담 공부 전
내가 받아온 교육은
이미 만들어진 틀에 나를
맞추는 것이었다.

아무도
내게
무엇이 하고 싶으냐
무엇을 잘하느냐 묻지 않았다.
외우고
또 외워서 Should만이 가득해진 뇌
당연히
강압적이고 병적인 생각들에
쫓기는 삶
기쁨, 즐거움, 보람
이런 것들은 비현실적인 몽유병자들의 헛소리로
치부되었다.
군대에서

구보 집단 안에서
정신없이 뛰듯이
그렇게 살았다.
거품 물고
쓰러져야 되는 줄 알았다.

그러다
만난
상담
나에 대해
묻는 질문이 생소했다
내가 그리도 중요한가?
내가 중요하단 인식을 하는데
꼬박
일 년이 걸렸다.
그리고
나란 존재가 너무나
궁금해서 나를 이해하고 알고 싶어서

심리학 공부를
시작했고
사막에서 물을 만난 것처럼
책을 보았다.
그리고
비로소
눈을 뜬 느낌이 들었다.

눈을 떠
과거를 보니
나의 삶의 궤적이 보였다.
길을
찾으려고
안간힘 쓰고
길을 잘못 들어 헤매고
또 헤매던
시간들
길을 알려주던 이들도

헤매던 자들이었다.

나를
이해하면서
주님과의 거리감도 줄어들었다.
심리공부하면서
기도시간이 더 늘었다.
인간의 유한성
영장류보다
포유류에 가까움을 본 후에
나의
생각의 한계성을 인정하고 나니
기도하게 되었다.

하느님은
자기마음을 통해
알 수 있다던
어떤 심리학자의 고백이

맞다는 생각이 든다.

자기마음 들여다보기

상담가들은
구분이 있다.
보통 상담가들은
상대방 이야기 들어주고
공감해준다.
이건
마음이 따뜻한 사람이면
누구나 다 한다
인생 경험 많은
동네 노인분들이
잘하신다.

전문상담가들은
상대방의 문제를 봐야 한다.
그런데
그러기 위해서는
자기문제를
먼저 보아야 한다.

문제는

이 작업이 녹록지 않다는 것이다.

우선

사람들은

보통

자기문제를 다른 사람들에게 전가하고 싶어한다.

그리고

자기문제는 인정하려 하지 않는다.

둘째

자기문제 인식은

시궁창 같은 자기 마음 안으로

들어가는 작업이기에

쉽지 않다.

사람들은

본능적으로

자신이 초연한 척

거룩한 척하고 싶어한다.

남들과 다른 척

그런데
상담가들은
그런 본능적 성향을 거슬러서
역으로 시궁창 속으로 들어가서
먼 과거에서부터
쌓여온 것들을
분석한다.

상담가들은 많다.
그러나
자기 해부하고
자기문제 분석하는
상담가들은
그리 많지 않다.

누가
어둡고 더러운 시궁창 속으로
들어가려 할까나.

그러나
들어간 자들은
사람이
어떤 존재인지
왜
믿음이 필요한지 등

피상적 차원의 신앙에서
깊은 존재론적 신앙을
체험하며
영적 은폐
영적 허언들을
보는 눈을 가진다.

자기 시궁창을
보면서
다른 사람들의
시궁창을

보는 것이다.

초월?
거룩함?
인간의 뇌 구조상
인간의 심리 구조상
그런 건
비현실적임을
잘 알기에
그저
인간적으로
살려고
노력하는 것이
상담전문인들이다.

마귀탓

마귀탓
심리치료에서는
마귀론이 자기감정을 투사해서
자기감정 받아들이는 데
방해가 된다 한다.
나도
처음엔 그리 생각했다.
근데
상담을 하다 보니
마귀탓을 하는 것이
때로는
분열과 미움이 커지는 걸 막는 효능도 있다는 생각이 든다.
누군가가 미울 때
미운 사람만 생각하면
미움이 불길처럼 커지는데
미움이 마귀가 던진 유혹이라 여기면
미움의 대상이 마귀에게로 바뀐다는 것이다.

미운 짓 하는 사람도
마귀에게 휘둘림당해서 그러는구나.
이해하게 된다.
때로 마귀의 존재가
분노 삭히는데
도움이 되기도 한다.
개똥도 약에 쓴다고...

오직 성서만

Sola scriptura
오직 성서만
가톨릭 교회가 사적인 욕심이 담긴 가르침을 주는 것에 대하여
수사신부인
루터가 던진 화두
이 말은 성경 정신 초심으로 돌아가자는 말이다.
그런데
이것을 강조하다 보니
축자영감설, 성경을 글자 하나하나 성령께서 만든 것이기에
무조건 글자 그대로 믿어야 한다는 사조가 생겼다.

유럽개신교 신학자들은 성서 비판 학으로
성서분석을 함으로써
맹목적 신앙, 성경을 자의적으로 해석하는 오류를 막고자 하였다.
그런데

한국 그리스도교는

가톨릭 개신교 모두 축자영감설의 오류에 빠졌다.

가톨릭은 성서공부 없이

묵상을 강조하여서 자의적 해석에 빠지는 경우가 많아졌고

개신교는

아이러니컬하게도

가톨릭이 성경을 중시하지 않는다 비판하면서

성경귀절들을 인용하여

자신들의 무지를 은폐하고

사적 이익을 합리화시키는 오류를 범하고 있다.

내게는

오랫동안

성경은 마음의 짐이었다.

왜 다른 내용들이 중복될까.

왜 공생활 삼 년 동안 하신 말씀이

겨우 종이 몇 장밖에 안 될까.
왜 결정론적이고 단정적인 말씀이 많은 것일까 등등
막장드라마 같은 구약은 차치하고라도
신약 역시 의문투성이

신학교에서
히브리어 희랍어로
원전 공부하면서
충격은 더 컸다.
수많은 편집

마음의 짐
의문을 품고 살다가 만난 영성심리
그 안에서
비로소
답을 찾았다.

구약이
이스라엘이라는 한민족의 역사임과 동시에
융이 언급한 것처럼
한 개인의 집합무의식의 내용물들임을
그래서
시궁창 같은 내용들이 혼잡스럽게 혼재함을
알게 되었고

사복음서도
좀 더
명확히 이해가 되었다.

우선 주님의 말씀이 두 가지란 것
단일한 대상이 아니라
병을 가진 사람들을 위한 말씀과
제자 단에게 하신 말씀이란 것

확연히 다르다.

병자들에게는
희망 믿음을 이야기하셨다.
따뜻한 치유의 말씀들

그런데
제자들에게 하신 주문은 확연히 다르다.
십자가를 지고 나를 따르라.
원수를 사랑하라 등
결연하고
전투적인 표현을 사용하셨다.
세상을 하느님 나라로 만들기 위한
제자들의 전사 의식을 강조하신 것이다.

이것은 심리치료의 두 가지 기법과 유사하다
사람들의 심리적 증상을 치유하는 지지기법
격려 공감 등
사람들의 문제의 뿌리를 찾아 치유하는 직면기법
주님의 배려심이 치밀하심이 느껴졌다.

마구잡이식 가르침이 아니셨던 것이다.
그것을
깨달았을 때의 희열감이란
해묵은 마음의 짐이 날아가는 기분

내가 문제가 아니라
교회가 무지했던 것이다.

심리치료는
처음에는 치료이나
시간이 가면서
구도자의 자세로 전환된다.
자기 문제를 화두 삼아
다듬어가는 수행자 수도자의 삶으로
들어서는 것이다.
그래서
심리학자들은
수행자들이다.

06

여섯 번째 이야기방
...

사제,
세상 한가운데
우뚝 서 있는 등대들
세상 속으로
더 깊이 들어가다.

사람을 섬기고 돌보는 사제상,
현대사회가 요구하는 사제상이 아닌가 한다.
난 세속을 가까이하는 것이 아니라 세상을 가까이하려는 것이다.
세상을 세속이라 여기며 멀리하면
세상 속에 사는 사람들을 어찌 이해할 수 있을까.
사제들은 신자들을 행복하게 해드리는 것이 가장 중요한 직무이
다. 주님께서도 산상수훈에서 행복선언을 하시지 않았는가.
성 베네딕뜨는 기도하고 노동하라 Ora et labora 하셨습니다.
저는 수도자분들께 한 가지 더 요청합니다.
공부하십시오.
사람들의 마음을 알기 위해 심리학을,
사회의 부조리를 알기 위해 사회학을,
세상을 알아야 세상을 위해 기도하고
세상 안에서 여러분들의 존재가치를 알 수 있습니다.

섬기는 자

신을 섬기는 자와 사람을 섬기는 자
같을 것 같지만, 전혀 다른 모습일 때가 많다.
신을 섬길 것을 강조할 때일수록
종교권력이 형성될 가능성이 높다고 한다.
신을 섬기는 사제들이 신의 대리인으로서의 권력기반을 잡고
교회가 수직적 계층이 형성된다.
그때부터
카리스마는 없는데
권위주의가 판을 친다.

교회는 선민들만의 터가 되고
고해소는 치유의 자리가 아니라
재판정이 된다.

신을 높이 올릴수록
종교권력은 기승을 부린다.

육화의 영성은 눈을 씻고 보아도 없다.

사람을 섬기고 돌보는 사제상
현대사회가 요구하는 사제상이 아닌가 한다.

많은 사제들이
이미 오래전부터
이렇게 살아왔다.
주님의 육화영성을 온몸으로 실천하는 사제들.

그런데
개천의 미꾸라지 같은 소수가
교회물을 흐린다.

그릇의 크기

운동 선수들 중
이기기 쉬운 상대하고만 싸우려는 사람들
쫌생이들입니다.
자기 안방에서만 싸우는 선수들은
결국 국내용으로 끝납니다.
용기가 없는 탓이지요.
용기란
안방에서 큰소리치는 것이 아니라
불완전함에 도전하는 것
자기영역 밖에 도전하는 것
자기영역을 넓혀가는 것입니다.
문밖에 나갈
엄두도 못 내니
자산도 키우질 못합니다
용기는 그릇과 비례합니다.

복음에서 두 아들 이야기가 나옵니다.
그런데

오래전 소제목이 돌아온 탕자, 둘째 아들을 폄하

그 후로도

둘째 아들은 아버지 속을 썩인 불효자로 묘사됩니다.

복음의 그 부분을 색안경을 끼고 본 것입니다.

둘째 아들이 세상 경험 통해서

성숙한 성인이 된 것을

인정 못 하는 근시안적인 해석이

우리 교회의 주류

둘째 아들은 불확실성을 두려워하지 않는

용기 있는 자였습니다.

집을 지킨 큰아들은

속 좁은 돈만 아는 쫌생이가 되었습니다.

낯선 곳에 나갈 용기가 없어서

집안에만

틀어박혀서

돈만 세다가

하류인생이 된 것인데

교회에서는
아무도 이 점을 주목하지 않습니다.

사제들은
용기를 가진 자들이어야 합니다.

성당 안에서
터줏대감 놀이만 하지 마시고
넓게 사목해야 합니다.
그것이 사제의 그릇을 키워줄 것입니다.

나는 욕먹고 사는 신부다

글을 쓰고 나면
가끔
시비 거는 자들이 있다.
특히
중앙일보 칼럼 쓰고 나면
더하다
어떤 분이 묻는다.
욕먹는 게 무섭지 않냐고

ㅋㅋ
구더기 무서우면
장 못 담근다 했다.

욕하는 자들
소위 Anti들은
글을 정독한다.

그리고

다른 사람들에게 알린다.
선물이라도
주고 싶다.

어떻게
칭찬만
듣고 살 수 있는가
살다 보면
여러 가지 일들이
생겨서
속이 뒤집히곤 하는데

그것조차
재밌다

난
마음 비우기나
초월 같은

그런 거랑
안 맞는다
내 감정
다 쓰고
맛볼 거 다 보면서
살란다.

특히
일본 어떤 교수처럼
걸으면서
욕하는 재미가
쏠쏠하다.

세상을 가까이하려는 것이다

싱어게인 투 무명가수전

혼신의 힘을 다해
자신의 마음을
노래하는 무명가수들을
보면서
마음이 울컥하다.

사람이
가장
사람다울 때는
자신의
마음을
이야기할 때라는 걸
무명가수들이
보여준다.

혹자는

티브이를 즐겨보는 나를 보고
빈정거린다.
왜 세속을 가까이하냐고

난
세속을 가까이하는 것이 아니라
세상을 가까이하려는 것이다.
세상을 세속이라 여기며
멀리하면
세상 속에 사는 사람들을
어찌
이해할 수 있을까.

결국은
뜬구름 잡는 소리나
하는
허언증 종교인 되는 게
더

두려워서

세상 속으로
더 깊이 들어간다.

조언하지 마세요

신부님들과 수도자분들께 조언하나
인생길 어떤 선택을 해야 할지
물어오는 분들을
자주 만나실 것입니다.
그중에는
가슴 아픈 사연도
말도 안 될 정도로
비참한 사연도 있을 것입니다.

그런 사연을 들으면서
뭔가 대신해주고 싶은
마음도 들 것입니다.

그래서
많은 신부님들 수도자분들이
이렇게 해라 저렇게 해라
조언을 하십니다.

절대금지, 절대로
하시면 안 됩니다.

사연들은 한쪽의 이야기만 듣는 것이므로
자칫 편중
상담 청한 사람의 선택의지 약화 우려
다른 사람 인생 개입은 무한책임 져야 함
등등
절대로
개입하셔서는 안 됩니다.

그냥
함께 있어 주고
들어주고
공감만 해주면 됩니다.
그걸로
부족하다 싶으면
기도해 주시면 됩니다.

가끔
같이 개입하시는 분들
말도 안 되는 조언을 해서서
상담자를 더 힘들게 하는
사례들을
종종 듣습니다.

어떡하면 좋을까요.
답을 보채도
절대로
답을 주지 마시고
듣기만 하시길.

고해성사

고해성사와 고해신부
고해성사는 말 그대로
신자들이 가슴속에 묻어둔 부끄러움을 털어놓고
고해신부에게 위로받고 하느님 사랑과 용서를 체험하는 자리이다.
고해성사는 심리치유적인 면에서도 아주 중요하다.
신경증적인 증세들을 치유하는데
고백만큼 중요한 건 없다.

문제는 이런 순기능을 가진 고해성사를 집전하는 고해신부의 자질이다.
신자들의 고백을 듣는 신부들은
무의식적인 유혹을 겪어야 한다.
권력욕구
자신이 판단할 수 있는 권리를 가진 듯한 착각 현상
이것은 가장 큰 유혹이고 식별이 필요한 것이다.
고해신부는 우월적 지위를 가진 자가 아니라

같은 죄인의 입장에서 같이 기도해 주는 자리를 지켜
야 한다.
그런데
불행히도
심리적 열등감이 심하거나
병적인 우월감 혹은 결핍 욕구가 심한 신부들은
고해소에서 자신이 재판관이 된 듯이
권력 행사를 한다
인간이 어떻게 그런 죄를 짓고도 뻔뻔하게 살 수 있어
소리 지르며
세디스틱한 쾌감을 맛본다.
그런 고해신부들은
고해성사를 달라는 신자들에게
짜증 부리고
고해성사를 주는 것을
마치 큰 선심이나 쓰는 것처럼 생각한다.
이런 고해신부에게 상처받고

한동안

속앓이를 하는 신자들이 의외로 많다.

고해소는 재판소가 아니라 치유의 자리이다.

고해신부는 재판관이 아니라 치유자이다.

만약 자신이 재판관이라 여긴다면

소위 마귀가 들린 것이다.

복음에 나오는 더러운 영들에게

사로잡힌 것이다.

교회 안의 탈레반

  심리학을 공부할수록
  사람이 이성을 유지하며 산다는 것 자체가 얼마나 어려운 일인가 하는 생각이 든다.
  사람 마음이 좀 교인들이 생각하듯이
  그리 온전치 못할 뿐만 아니라
  건강하고 바르게 살고픈 마음을
  떠밀어 쓰러뜨리려는
  저항 세력이 마음 안에 존재하기 때문이다.

주님께서는
간음한 여인에게
다시는 죄짓지 말라 하셨다.
엄한 경고를 하신 것이 아니라
죄를 쉽게 끊을 수 없는
나약한 인간의 심성에 연민을 표하신 것이다.

그런데
결정론자들

원리주의자들은
이 말씀을
Never라고 해석한다.

그리고
신자들에게
정서적 폭력을 가한다.

고해소에서
죄를 고백했더니
당신이 그러고도 신자야
소리치며
고해소 문을 열고
야단친 신부 때문에
놀라고 상처받아서
성당을 못 간다는
신자분 문자를 보면서

종교인의 무식이
정서적 폭력을 일으키는구나
하는
씁쓸한 마음

우리 교회 안에도
탈레반들이
적지 않다.

사제와 무당

무당, 그러면 기성종교에서는
무속신앙 미신 등으로 치부한다.
그러나
정말 그럴까?
사제들은 참 종교인이고
무당들은 아닌 것일까?

등산 중 굿 준비를 하는 무속인을 만났다.
무슨 굿인가요?
제가 모시는 신을 기쁘게 해드리려는 굿이에요.
흠

주님과 성모님을 기쁘게 해드리려고
무엇을 했던가 반성하게 해주던
무속인

무속인들의 굿의 내용을 보면
사람들의 한을 풀어주는 내용들이

대부분이다.

우리는

어떠한가.

우리 사제들은

신자들의 한을 풀어주는 강론이나 기도를 하는가?

사제들이 강론하자마자

신자들은

잘 준비부터 한다.

자지 않으면 주보 들고 본다.

뜬금없는 소리

와 닿지 않는 소리

자기도취적인 소리를 하기 때문이다.

무속인들보다

못하단 말이다.

종교 자체가 샤머니즘이라고

종교학에서는 말한다.

실제로

사제들은

샤먼이다.

그래서

서양무당이라고 하질 않던가.

그런데

기성종교가

비웃는 무속인들은

사람들 속에서 살아가는데

기성종교인

우리들은

어떠한가

생각해보았으면 한다.

적어도

강론시간만큼은

신자들의 애환을
풀어주는 시간이 되었으면 한다.

일석삼조

행복회사 헨리스튜어트는
자기를 행복하게 만들고
다른 사람들을 행복하게 만드는 사람들이
진정한 리더라 했다.
백배공감
사제들은
신자들을 행복하게 해드리는 것이
가장 중요한 직무이다.
주님께서도
산상수훈에서
행복선언을 하시지 않았는가.

명동밥집
음식봉투를 손에 든
노숙인들의 얼굴이 행복해 보인다.
그들을 돕는 봉사자들의 얼굴도 행복해 보인다.

명동밥집은 단순히 밥만 주는 것이 아니라

행복을 주는 것이다.
가정에서
사회에서
버림받았다 생각하고
살아온 분들에게
따뜻한 정을 줄 뿐만 아니라
사회에 실망한 분들에게
아직은
우리 사회가 살 만한 곳임을
느끼게 해준다.

어려운 조건임에도
의연한 결단을 내린
교구장 염수정 추기경님과
교구 관계자들
명동성당에
감사하는 마음이다.

명동밥집을 연 후
사회에서
우리 교회를 보는 시선이
따뜻해졌음을 느낀다.

나도
입으로만 떠들지 말고
작은 도움이라도
주고싶어
생각하다가
언뜻
양산에서 출소자들이 빵 공장하는 것이 떠올랐다.
출소자들이 만든 빵을
노숙인들에게
제공한다면
ㅎㅎ
내가 생각해도 행복한 아이디어다.
한 달에 삼 십만 원 하기로 결정

왜 삼십이냐고?
몇 달 전부터
복지기금으로 쓸 요량으로
하루 만 원씩 모으고 있다.
연말에 복지시설에 보내려고
근데 연말이 아니라
한 달 한 번
노숙인들에게 간식용 빵을 제공하고 싶은 생각이 문득

노숙인들도 좋고
빵 공장 운영이 어렵다고
힘들어하던
빵 공장 사장님 도와줘서 행복하고
일석삼조

다행히
돈 쓰는데
허락받을 마눌님도 없어서

홀가분
독신남의 행복을 만끽 중이다.

본당신부님들의 강론

상담소장이 된 후
주말이 한가해져서
가끔 본당나들이 간다.
신자석에서 미사 참례하면서
본당신부들의 강론을 듣곤 한다.

사순시기가 다가오는지라
대부분
사순 시기를 어떻게 보낼까에 대해 이야기하는데

여러 곳에서 듣다 보니
재미있는 현상을 알게 되었다.
본당 신부의 성격이나 일상이
강론에 그대로 나타나는 것이다.

건강형, 사순시기 동안 술 담배 끊으셔서 건강한 부활 맞으세요.
속죄형, 그동안 죄지은 것 보속하는 의미로 선행하세요.

이 정도면, 괜찮다.

성찰형, 사순시기 동안 살아오면서 죄지은 것 다 찾아보고 통회하세요 하는 과거 완전강박증자

자학형, 주님을 십자가에 못 박은 죄인임을 상기하고 처절하게 반성하세요 하는 자기학대조장형

자기문제가 강론에 드러난다.

그래서
강론을 들으면서
마음이 풀리는가 하면
속이 불편해지기도 하고
때로
강론대에서 끌어내리고픈 충동이 들기도 한다.

일주일에 한 번
마음에 행복감을 가지고 싶어 온 것인데
오히려
스트레스를 받는다면…

누가 성당을 갈 것인가
강론은 음식이다.
그래서
음식처럼
등급이 있다.

맛잇고 건강식이 최고
맛없는데 건강식이 두 번째
건강식은 아닌데 넘 맛있는 것

최악이
맛도 없는데 불량식품인 것

어떻게 아냐고...?

강론을 듣는 신자분들 태도를 보면 안다.
졸거나 딴생각하는 분들이 많으면
재미도 내용도 없는

맛도 건강식도 아닌 강론을 하는 것이라서
그렇다.

가끔
혼자 열변 토하는 강론도 들을 때가 있다.
자기도취형
왜
내 말에
귀를 기울이지 않는 거야 하면서
소리소리 지르는 안하무인형
맛없는 음식을 강제로 먹이는 깡패들이다.

날배추 익히지 않은 음식을 억지로 먹이는 자들은
신부가 아니라 양아치들이다.

최고의 강론은
비록 생각이 다를지라도
고개를 끄덕이게 만드는 강론이다.

김수환 추기경님의 강론이 그러하였다.
두 번째로
최고의 강론은
신자들을 배꼽 빠지게 웃겨주는 강론이다.
이런 신부님들은
가끔 본다.

그런데
대부분은 지리 지루 물에 물 탄 듯
양념 안 친 익지 않은 무김치 먹는 기분이다.

신부는
셰프들이다.
맛있고 건강한 음식을 만드는 셰프들처럼
재밌고 유익한 강론을 만든다면
그 신부가 어디 있을지라도
찾아가서
음미해 보고싶다.

맛집 찾아 전국을 다니는 것처럼

강론을
최고의 셰프처럼
잘하는 신부님들 추천 바란다.

달라진 게 없다

몇 해 전
2군에서 군상담가 모집을 하였다.
첫날
전문상담가들이
1,000명이 모였다.
그런데
그중
900명이 목사님들
80명이 스님들
14명이 수녀님들
6명이 신부였다.

군대가 황금어장이라 하면서
소수의 군종신부들만이
사모할 뿐

지금도
달라진 게 없다.

본당에서 개인상담을 해도 되냐고 묻는 신부님들께

답

Never

이유

1. 상담은 한 시간씩 적어도 20회 이상 해야 하는데 시간 내기 어렵다.
2. 시간을 쪼개서 해주면 왜 그 사람만 편애하냐고 난리난다.
3. 본당 신부에게 상담받은 사람들은 거의 침묵을 못 지킨다. (상담내용 다 발설, 심지어 자기만 예뻐한다고 소문낸다.)
4. 늘 보는 사람들을 상담해주는 건 본당신부에게 부담이다.

한번 만나 면담은 좋으나

지속적인 상담은

결말이 좋지 않으니

안 하시는 게 좋다.

그래도
하고 싶은 분들은
상담전문가가
되시길 바란다.
심리학책 몇 권 본 것으로
하다간
돌팔이 될 수 있다.

나 역시
개인상담은
사제될 이 외엔
가급적 안 한다.

피곤하고
결과가 그리 좋지 않아서
심지어

해보니
별거 아니더라.
하는 진상들에게
질려서

내면

그림을 보면
화가의 내면이 보인다.
강론을 들으면
신부의 내면이 보인다.
내면의 행복감이 찬 신부들은
성당을 놀이터로 만든다.
내면이 연옥인 신부들은
성당을 폐허로 만든다.
내면이
지옥인 신부들은
성당을
교도소로 만든다.
같은 사제인데
다른 이유는
옷은 같지만
내면이 다르기 때문이다.

문제는
이런 성향이 잘 안 바뀐다는 것이다.
가는 데마다
성당을 초토화시키고
자신이 외롭다고 여기는
꼴통들이
교회를 좀먹는다.

그것이 알고 싶다

신부님
전
신자 자격이 없나 봐요.
왜요?
어떤 사람을 미워했다고 고해성사를 해보았더니
그 신부님이
신자가 어떻게 사람을 미워할 수 있냐고
야단맞았어요.
근데
아무리
용서하려 해도 용서가 안 돼요.

야단친 그 신부는
꼴통으로 소문난 사람

자매님
상대방이 밉거든 실컷 미워하세요.
미워하는 게 지겨울 때까지

그래도 돼요…?
돼요.
자매님이 그 사람 미워한다고
그 사람이 죽는 것도 아니니

자매님이 누군가를
미워한다는 것은
자매님 상처가 아물지 않은 탓도 있지만
체력이 좋아서 그렇기도 해요
기운 떨어지면
미워하지도 못해요.

그래도
그 사람 위해서
기도해야 하지 않을까요?
분이 다 풀리거든 하세요
화가 안 풀린 채로
기도해주면

난 왜 이리 등신같이 사나
하는 생각이 들 테니.

우리 교회에
윤리적인데
사람 마음의 상처에 대해서는
무지한 사제들이 아직도
건재한다는 게 놀랍다.
사제들이
던지는 말이
아물지 않은 상처에
고춧가루 뿌리는 것과 같다는 걸 왜 모를까.
다른 사람들이
자기 흉을 보면
길길이 뛰면서
왜
신자들에게는
감당 못 할 주문을 하는 걸까.

그것이 알고 싶다.

신부님도...?

신부님은 기도할 때... 분심이 드세요...?
네
울 본당신부님은 분심 없이 기도하신다는데

신부님은
이쁜 여자 보면
마음 설레세요

네

우리본당 신부님은 아무리 이쁜 여자 보아도
흔들림이 없으시다는데

신부님은 돈 욕심 있으세요

네

우리 신부님은

돈을 돌처럼 생각하신다는데

신부님은 유명해지고 싶으세요?

네

우리 신부님은
겸손하셔서 늘 숨어 사시는데

신부님은 참 속물인 거 같아요.

네
속물이에요.

근데
궁금해서 묻고 싶은데
그렇게 훌륭하신 신부님 존함이 어떻게 되시는지요.
○○○이세요.

헉

그 인간 말종이

그러나

차마 말할 수 없었다.

그 인간이 돈과 여인에

걸신들린 자임을

지독한 진상임을

자매의 환상이 간직되라고

끝으로 말했다.

저 같은 신부는 그분의 신발 끈을 풀 자격도 없습니다.

근데

그 자매가 마지막으로 나를 저격했다.

저도 그리 생각해요.

헉

그런데
그 신부가 존경스럽다.
어찌 그리
명배우처럼 사는지

신부님은...?

신부님은 미워하는 사람 없으세요?
어떤 종교인분은
미운 사람이 하나도 없다 하시던데요.

아 그런가요
대단한 분이시네요.
저는
미운 사람이 종류별로 있어서
ㅋㅋ
그분처럼 대단하지 못해서

예수님은 원수를 사랑하라 하셨는데
왜 그러세요...?

원수를 사랑하려면
원수가 있어야 되겠지요.
ㅋㅋㅋ

신부님은 영성심리 가르치시는데
미운 사람이 있으면
안 되지 않나요.

미운 사람을 하나도 없이 해준다는 건
사이비종교인들이고요.
영성심리는
인간이 그렇게 완전하게 될 수 없는 걸 알려주고
불편한 대로 살아가게 해주는 것입니다.

그래도
어떤 종교인들은 깊은 깨달음 얻고
미운 사람 하나도 없는 경지에 도달했다는데요.

그런가요
저는
아직 그런 단계 되려면
한참 멀었고요.

되고 싶지도 않고요.

그냥

미운 놈들 밉다고 욕하면서 삽니다.

참고로

무슨 경지에 도달했다 하는 사람들 중

가짜들 많으니 조심하시고요.

미운 사람 하나도 없는 상태가 불가능한가요?

그렇진 않고요

아프고 병들고 지치면

미운 마음이 없어져요.

즉

누군가가 밉다는 건

아직 기운이 넘쳐서

모든 걸 다 자기 맘에 들게 하고 싶단 것이지요.

입으로는 정의 운운하지만

사실은

내 맘에 안 든다는 것이지요.

참고로
개똥도 약에 쓴다고
미운 사람도 쓸모가 있어요.

내가 아직 갈 길이 멀다는 것
내가 속 좁은 인간이란 것
내가 편견이 심하다는 것
등등을 알려주는 기능을 합니다.
속은 상하지만
적어도 무슨 경지에 오른 듯
사기치는 짓은 못 하게 해주는 것이 미운 것들입니다.

그래도
미운 사람이 없으려면
어떻게 해야 하나요.

산중에서 혼자 기도해야 하나요…?

혼자 도 닦으면
자기도취에 빠질 위험이 큽니다.
사람의 됨됨이는 공동생활에서
나타나는 법이지요.

노력해도 미운 사람이 생기는 건 왜 그런가요.

미운 사람이 생긴다는 건
내 마음 안에
상처 콤플렉스들이 없어지지 않았다는 것입니다.
즉
영성이 깊어지려면
자기치유부터 해야 한다는 말입니다.
상처와 콤플렉스가 있는 한
미운 사람은 계속 나타납니다.

누군가가 밉다는 건
유아적 감정입니다
즉 내가 아직 덜 성숙하다는 것이지요.

그렇다면
심리적으로 성숙하면
달라지나요.

미운 감정이 연민으로 바뀐다고 합니다
제가 아직 거기까지 못가봐서요… ㅋㅋ
들은 얘기로는 그렇다고 하더군요.

그래도
미운 사람 때문에 속이 불편한데
어찌해야 하나요.
안 보면 됩니다.
사람감정은 누군가를 보면
일어나는 것이니

안 보면 됩니다.

안 봐도 화가 나는데요.

생각을 해서 마음 안에 불러들여서입니다.
생각을 안 하면 됩니다.
그건 우리 선택이지요.

어떻게 생각 안 하고 살 수 있나요?

생각 안 하고 편하게 살던가.
생각하며 불편하게 살던가.
그건
니 맘대로 하세요

그게 무슨 답이에요.

그럼

딴 데 가서 알아보세요

신부님이 책임지셔야지요.

헐
니 맘을 왜 내가 책임져요
미운 마음 없애준다 장담하는 분들께
가세요.
난
못하니

가끔
요렇게 말귀 못 알아듣는
돌땡이들이
전화질해서
성질 급한
나를
뒤집어 놓는다.

전생

웬수들이다.

사제 갑질

나이 젊은 신부들이 갑질한다는 이야기를 종종 듣는다.
나이 든 신자분에게
내가 신부인데 하면서
고개를 뻣뻣이 세운다는 것이다.
농담 반 진담 반
신부들의 본 모습은
보좌 때 1차 나타나고
주임이 되면
적나라하게 나타난다 하는데
일리가 있다.
자신이 왕이 됐다 싶음
본색이 드러나는 것이다.
혹자는
이런 신부들을 신학교에서
걸러내거나
성소자일 때
인성 검사로 걸러내야 하지 않느냐 하는데

어려운 이야기이다.
인성 검사는 속이기 쉽고
신학교에서도 숨어살기 쉽다.

가장
정확한 건 긴 시간 동안
어린 시절을 보아온 사람들의 눈이다.
부모 형제 친구들과의 관계가
중요하단 것이다.

사람들이
주위에 모이는 사람이
참 사제감이다.
그들은
마음이 훈훈하다.
사람들이 가까이 가길 꺼리고
거리 두고 싶은 사람은
사제직을

사적인 욕망 추구하기 위한 수단으로
여기는 자들이다.
이런 자들이
소위 사제 갑질을 한다.

주상배 신부님

84세 원로 신부님
가끔씩
심리에 대한 문의를 하신다.
더 놀라운 건
당신 문제가 어떤 것인지
아신다는 것
많은 사제들은
자기 죄에 대해서는 생각하지만
자기문제는 인식하지 못하고 산다.
그것을 보는 훈련이 없었기에

그런데
80을 넘기신 분이
일반상담가들도 안 하려고 하는
자기문제인식을 하신다는 게
놀랍다.
그런데
전화가 왔다.

책을 내고자 하신다고.

정말 놀랍다.
연세도 많으시지만
건강도 안 좋으신 분인데
당신의 책을 내고자 하시며
자문을 구하신다.
갑자기
부끄러운 생각이 든다.

내가
책을 내도 될까요?
아, 그럼요.
신부님이 책을 내셔야
후배들이 부끄러움을 느낄 것입니다.

속이 후련하시다는
신부님의 말씀에

내 속이 후련해진다.

공부하는
선배 신부님
창작하시는 신부님들은
존경스럽다.

늘 기도하고 공부해야 하는 신앙인들

 일부 개신교 목사들이 하느님 운운하면서 심지어는 능멸하면서
 자신의 정치적 입지를 굳히려는 작태를 보인다.
 대놓고 헌금 이야기를 하고
 하느님을 자기 부하처럼 능멸하는 모습을 보면서
 전형적인 종교사기꾼 영악한 정치꾼이란 생각이 든다.
 매카시즘의 광풍을 뒤에 업고
 사람들을 선동하고
 자신의 표를 탐하는 정치인들과 친분을 강조하면서
 신분 세탁을 하려는 사람들

 개신교회 내의 신실하고
 열심인 목사님들을 아는 나로서는
 저런 자들을 제재하지 못하고
 싸잡아 비난당하는 목사님들이 안쓰럽기만 하다.
 수도자보다 더 수도자같이 사는 분들을 알기에

 종교 안에서는 거짓 예언자들이 많았다.

그런데
현대라는 지금에도 거짓 종교인들은 여전히
판을 치고 있다.
객관적 판단력을 갖지 못한 일부 대중들이
이들의 먹잇감인 것이다.

그래서
신앙인들은 기도하고 공부해야 하는 것이다.
Ora et studere
얕은 지식으로 요설과 장광설을 늘어놓고
선동하는 거짓 종교인들 종교사기꾼들에게
넘어가지 않으려면

그들의 말도 안 되는 선동에 갈채하는
사람들의 무리를 보면서
안쓰러운 마음이다.

신부님은 어떤 사람?

신부님은
자신을 어떤 사람이라고 생각하세요.
가끔
훅 들어오는 질문

나는 좌도와 우도 사이를 오고 가는 사람
이것이 내가 생각하는 내 모습이다.
누군가에 대해
비판하고
정의 운운할 때
난
좌도이다.

나도 그럴 수 있겠다 싶을 때
우도이다.

젊었을 때는
날 서린

좌도의 자리에 있었다.
세상의 부조리에 눈에 불을 켜고
목소리 높였다.
그러나
내 문제는 못 보거나 안 보았다.

나이 들면서
내 안의 도둑놈을 보면서
우도 자리에 있게 된 것만도 감지덕지다.

기도할 때
우도처럼 한다.
좀
봐주세요.
주님
하고

수도자들을 위한 조언

혹자는 수도자들이 돈을 벌거나 양육을 하지 않아도 되는 팔자 좋은 사람들이라고 비아냥거립니다.
대우받으면서 폼 잡고 살지 않냐고 시비조로 말하기도 합니다.
살기가 힘든 사람들이 하는 말이 아니라
심리적으로 미성숙한 사람들이 던지는 말입니다.
그런데
이런 말을 들으면서 자격지심을 갖는 수도자들이 적지 않습니다.
그래서 다시 환속하거나 더 심하게 자신을 조이기도 합니다.
문제는 그런 식의 수도생활이 마음과 몸을 멍들게 한다는 것입니다.

그래서
이 자리에서는
수도자의 존재가치와
어떻게 수도생활을 해야 할 것인지를 말하고자 합니다.

우선 수도자들의 존재가치는 무엇인가.

한 사회의 백혈구입니다.

저는 몇 년 전 재개발 현장에서 사목하면서 우리 사회의 민낯의 적나라한 모습을 보았습니다.

5년 반 동안 현장 학습, 합법을 가장한 불법행위, 돈이 된다면 어떤 짓이라도 하는 파렴치한 짓들을 보았습니다.

말로만 듣던 천민자본주의라는 괴물의 실체를 지겹도록 보았습니다.

당시 아이들도 누가 십억을 준다면 감옥도 가겠다고 할 정도로

돈에 미친 한국 사회, 돈이 신이었습니다.

인간성을 상실한 이런 사회는 무너지거나 공산혁명의 빌미를 제공해줍니다.

이런

병들고 오염된 사회가 무너지지 않게 지탱해주고

병들지 않게 해주는 백혈구의 역할을 하는 것이 수도자들입니다.

돈보다 의미를 추구하고

사적 이익보다 다른 사람들을 배려하는
마음가짐은
세속적인 삶 속에서
영혼이 문드러져 가는 영혼의 나병환자들이
설쳐대서 어두워져 가는 사회 안에서
상처 입은 사람들에게
등대 혹은 쉼터의 역할을 하는 것입니다.

수도자분들이
수도자복을 입고
수도생활을 하는 것 자체가
아주 큰 의미를 갖는다는 것입니다.
여러분은
세상으로부터
떨어져나온 사람들이 아니라
세상 한가운데
우뚝 서 있는 등대들입니다.

이런 수도자들을 조롱하고

없애려는 자들은

그 영혼이 썩어 문드러진 영혼의 나환자들입니다.

수도자들로 인하여

자신들의

문드러진 모습이 드러날까.

두려운 자들이

수도자들을 공격하는 것입니다.

그래서

그런 자들을 악의 세력이라 합니다.

수도자들은

기도하며

수도자의 자리를 굳건히 지키면서

저들이

세상을 지배하지 못하도록 하느님의 군사가 되어야 하고

길을 잃고 헤매는 영혼들에게

등대가 되어 주어야 합니다.

성 베네딕뜨는 기도하고 노동하라 Ora et labora
하셨습니다.
저는 수도자분들께 한 가지 더 요청합니다.
공부하십시오.
사람들의 마음을 알기 위해 심리학을
사회의 부조리를 알기 위해 사회학을
세상을 알아야
세상을 위해 기도하고
세상 안에서
여러분들의 존재가치를 알 수 있습니다.

수도자 여러분들은
교회 내에서뿐만 아니라
한국 사회 안에서도
아주 중요한 존재임을 유념하셨으면 합니다.

수도자

수도자분들과 대화하다 보면
애틋함과 안쓰러운 마음이 든다.

남들처럼 자신을 위해 사는 것이 아니라
다른 사람들을 위해 사는 것이
말처럼 쉽지 않기에…

수도자들은
한 사회의 가장 어둡고 축축한 곳에서 기꺼이 일한다.
직업적인 삶이 아니라
자신의 삶의 의미를 실현하고자 투신한다.
사람들이 알아주건 말건

수도자들은 권력기관에 아부하지 않는다.
눈치도 보지 않는다.
오로지
주님만 바라보며 산다.

김수환 추기경님 말씀처럼
세상 바보들이다.

물론
수도자들도 사람이기에 완벽할 수 없다.

그런데
이런 수도자들에게 돌을 던지는 자들이 있다.
자기 자식이 수도자가 된다고 하면
펄쩍 뛰면서
남의 자식의 소소한 잘못에 대해서는
눈에 쌍심지 키고
난리를 친다.
수도자들에게
먹을 거 하나 갖다준 적 없는 자들이 더하다.
제가 아는 식당 주인은
수도자들에게는
무조건 공짜 식사를 제공한단다.

하느님이 사랑하는 분들이기에
밥이라도 드리면
하느님께 사랑받을 수 있을 거 같단다.
나도 동감
식당에서 수도자들 보면
밥값을 대신 내드린다.
빠듯한 용돈으로 사시는 걸 잘 알기에
수도자들을
욕하는 자들은
하느님의 자식들을 욕하는 것이기에
하는 일마다
되는 일이 없으리라.
간혹
수도자들을 상대로
사기치는 것들은
대대손손이
악재가 그치지 않으리라.
욕먹고 사기당하고도

기도해 주는 착해빠진 수도자들 대신해서
기도한다.
수도자들을
욕보이는 자들은
대대손손이
거러지가 되라고

신부가 어떻게
그런 심한 말을 하냐고?
난
거룩하지도
거룩할 생각도 없는
속풀이가 전공이기에
하고픈 말을 참지 않는다.

07

일곱 번째 이야기방

...

나눔,
부작용 없는 혁명이며
변화의 완결판을
만드는 길이다.

사람들로부터 존경받는 분들은 평생 가난한 사람들을 위해
사시고, 떠날 때 사회에 모든 것을 다 내어놓는 분들이시다.
그분들은 자신들이 가진 것은 얻은 것이니
돌려주는 것뿐이라 하신다.

성모님께 갈 때는 가진 것을 다 내놓는 잔치를 벌일까 한다.

진정한 성인은 그가 세상을 떠난 후
그리움의 대상이 된 사람이다.

만병통치약

가난한 사람들은 나랏님도 구제하지 못한다.
가난한 사람들에 대한 책임을 피하고 싶은 사람들의 핑계이다.
가난은 대물림이다.
이건
더 무서운 핑계
가난은 반드시 분열의 소지를 품는다.
작게는 범죄의 원인이 되지만
크게는 내전의 원인이 된다.
그렇다고 해서
가난한 사람들이
자신들의 모든 것을 다 채워달라고
요구하는 것은 아니다.
가난한 사람들이 원하는 것은
존중과 관심이다.

무관심과
무시당할 때

사람의 마음 안에서는
분노가 적개심으로 변하기 시작한다.

계층 간의 적개심을 줄이는 방법은 나눔이다.
조금이라도
더 가진 사람들이 나눔을 하는 것이
분열을 막고
공산주의가 생기는 것을 막는 최선의 방법이며
자신의 삶을 의미있게 만드는 길이다.

미국의 거부, 록펠러
나이 오십이 될 때까지 돈 버는 데 혈안이 되어
온갖 비난의 대상이었던 록펠러
한창
정상의 부를 자랑할 때
시한부 판정을 받았다.
당연히
우울증과 홧병

그러던 그가
어떤 환자의 치료비를 대납하고
나눔의 맛을 본 후
본격적으로 나눔을 시작했다.
98세까지

나눔이 왜 인간 삶의 질을 높이는가?
왜 장수의 비결인가.

인간이 가져야 할 가장 기본욕구 중 하나가
인정욕구이다.
다른 사람들로부터
인정받는다는 것은
참으로 중요하다.

혹자는
주님께만 인정받으면 되지
사람들로부터

인정받으려 하는 건

세속적이 아니냐 하기도 하지만

그런 사람들도 껍질 벗기면

다 똑같다.

주님께서도

사람들이 당신을 두고 누구라고 하더냐 물으셨고

동네 사람들이 무시하자

기적을 행하시지 못하셨다 한다.

그렇다면

사람들로부터 인정받는 길은 어떤 것인가.

기술 재능 등으로 인정받는 것

즉 스타가 되는 것을

우선시하지만

그래서

아이들이 아이돌이 되려고

필사적이지만

불나방들이고 하루살이들이다.

부러움과 적개심의 대상이기에
언제든지 짓밟힐 수 있다
과거사가 들추어져 추락하기 일수이다.
진정한 길은
나눔의 삶이다.
나눔은
나누면서 관대한 마음을 갖게 한다.
나눔을 받는 사람들로부터
사랑받으면서
인정욕구가 채워진다.
즉
진정한 왕이 되는 것이다.
그래서
주님께서
누누이
나눔을 강조하신 것이다.
어떤 혁명도
사회변화에 완결을 보지 못했다.

인간적 탐욕이 마지막에 드러나기 때문이다.
나눔만이
부작용 없는 혁명이며
변화의 완결판을 만드는 길이다.

그런 의미에서
명동밥집은
돈을 신으로 모시는 천민자본주의를 개혁하려는 작은 혁명이며
사회를 하느님 나라로 만들려는
작은 시작이다
겨자씨 한 알처럼

반면
나눔을 거부하고 독식하면
어떤 일이 생기는지
미얀마군부가
적나라히 보여준다.

지금은
폭력으로
이길 듯하지만
대중의 미움과 분노의 대상이 된 자들은
죽을 때까지 낮에는
독살 암살의 위험에 떨어야 하고
밤에는
자기들이 죽인 원혼들에게 시달려야 한다.
죽고 난 후는
지옥으로 가야 한다.

작은 나눔으로
사람들을 행복하게 해주면
가난한 사람들은
행복한 얼굴로
보답한다.
이 웃음이 만병통치약이다.

나눔

가난한 사람들일수록
자주 같이 보고
음식을 나누고
놀이를 같이 합니다.
돈이 없기에
사람의 정으로 허한 부분을 채우는 것입니다.
가난한 나라 아이들은
다 헤어진 축구공 하나로 온 동네 아이들이
하루 종일 즐겁습니다.
가난할수록
낯선 이들에게 개방적입니다.

그런데 돈이 생기면서
개발이 되면서
담이 생기고 경계가 생기고
일에 쫓기고
겉은 화려해져 가는데
속은 외로움과 의심 가득한

괴물이 되어갑니다.

주님께서는
사람들의 이런 점을 간파하시고
사람답게 살아야 함을 말씀하셨던 것입니다.

돈은 중요합니다
그러나
돈이 사람보다
더 중요하다 여기는 순간
나는
사람의 반열에서
괴물로 전락하는 것입니다
그런 괴물들을 우리는 수도 없이 보았습니다.

언어

외국인들을 만날 때는 언어에 대한 부담감이 큽니다.
그런데
언어는 달라도
마음을 주고받을 수 있음을 알게 되었습니다.
좋은 음악
좋은 그림
예술이 사람과 사람 사이에 다리를 놓아주더군요.
한 국가의 흥망은 돈이나 군대의 힘으로만
평가하는 것은
우둔한 짓입니다.
그것은 마치 동네 양아치가
옷 잘 입고
조무래기들 거느리며
허세를 부리는 것과 같습니다.
한 국가에 대한 평가는 예술과 문화가
얼마나 발전하고
평가받는가에 달렸습니다.
그것이 모든 사람들의

마음을 열게 하기 때문입니다.
길을 가다가
연주자를 만나거나
화가들을 보게 되면
걸음을 멈추는 것은
세계인의 공통점입니다.
길 위의 예술인들이
더 많아져서
돈에 찌들어
메말라가는
사람들의 마음을 촉촉이 적셔주었으면 합니다.

훈수

바둑을 둘 때 옆에서 훈수하는 사람들
그런데
그런 사람들 중에
정작 고수는 없습니다.
막상 판에 앉으면
더 못 두는 사람들이
이래라저래라
훈수가 많습니다.
바둑의 결과는
다 끝나고
복기할 때이지
두는 중이 아닌데
참
등신 같은 것들이

많구나 하는 생각이 듭니다.

핑계보다 방법 찾기

포기하려고 하면 핑곗거리만 만들려고 하고
실행하려고 하면 방법을 찾는다.
낭만닥터 김사부란 드라마의 대사 중 일부입니다.

들으면서 맞아 하는 소리가 절로 나더군요.
본당 사목하면서
여러 가지 이유로 핑계를 대는 사람들을 보았습니다.
이건 이래서 안 되고
저건 저래서 안 되고
들으면서 공감이 가는 것이 아니라
그래서
어쩌라구 시벌노마 하는 소리가 절로

그건 이렇게 하면
어떨까요
방법을 제안하는 사람들은
기분마저 상쾌하게 해줍니다.

꼭 덜 여물고 덜떨어진 것들이
핑계 질은 열심히 해서
일하려는 사람 기분 잡치게 합니다.
시벌 놈들입니다.

열려있음과 닫혀있음

사람이건 조직이건 나라이건
흥하느냐 쇠퇴하느냐는
열린 마음이냐 닫힌 마음이냐로 판단할 수 있음을
역사가 알려줍니다.
열린 마음으로 대제국을 건설한 왕은
지금 미국과 각을 세운 이란의 전신인 페르샤의 왕, 키루스
점령을 했어도 인정을 베풀어서 자신들의 왕보다 더 존경받은 왕
사람이건 조직이건 종교이건 나라이건
키루스 같은 리더가 있으면 흥합니다.
문을 닫은 사람들은 일시적으로 흥할지 모르나
천천히 가라앉습니다.

노숙자

명동 가톨릭회관 근처에는 배회하는 사람들이 있습니다.
일 년 내내 같은 옷을 입고 쭈그리고 앉아 자는 자매
행인에게 애기 목소리로 천 원만 하는 자매
하루 종일 일 층에서 다른 층으로 헤매다니는 자매
길에 모포를 깔고 자는 아제

다들 누군가의 아버지 어머니 자식들일 텐데
어쩌다
저렇게 안쓰러운 삶을 살게 되었는지…

겨울이 되면
더 추워보이는 사람들.

어떤 중년

필리핀 세부 대성당
어떤 중년이 지나가는데
성당 직원이 다가가더니
그 사람의 손을 잡아 자기 머리에 대는 것입니다.
알고 보니
본당 신부
그런데 그 신부는 그러려니
뿌리치지도 해주지도 않는
신자가 신부 손을 잡아 셀프안수를 하는 걸 보면서
혼자 낄낄
아 이게 필리핀식이구나.

구호단체

공익을 위한 일을 할 때는
자기 몫을 생각해선 안 된다.
공익보다 돈을 먼저 생각하면
후원자들이 떨어져 나갈 뿐만 아니라
사회적으로 매장당한다.

이태석 신부재단의 구수환 감독
재단에서 한 푼도 안 받는다.
불자가 천주교신부 팔아 돈 번다는 소리 안 들으려고...
형제들이 도와준단다.

미얀마 커피 파는 권태훈 님
자기 돈으로 구입한 커피 판매대금을
몽땅 미얀마에 보낸다.

요즘 구호단체들이
난립 중인 듯하다.

한결같이
연예인 내세우고
불쌍한 아이들 보여주며
후원금 요청하는데
신뢰가 가지 않는다.

얼마 전
지방교구신부님 전화
지방노조원들이
미얀마돕기 성금 모았는데
믿을 만한 곳 찾는다고

그래서
권태훈 님 소개해주었다.

길거리에서
아이들 동냥시키고
그 돈을 가져가는 어른들이 있었다.

그 어른들이
이젠
동냥질을 사업으로 하는 자들이
적지 않단다.

오지에 가서
땀 한 방울 흘린 적 없는 자들이
동냥사기질이다.

이건 경제사범일까 잡범일까.

내어놓는 삶

요즘 작고하시는 분들이 많다.
그런데
그 죽음에 대한 평가는 사람마다
다르다.
사람들로부터
존경받는 분들은
평생 가난한 사람들을 위해 사시고
떠날 때
사회에 모든 것을 다 내어놓는 분들이시다.
그분들은
자신들이 가진 것은
얻은 것이니
돌려주는 것뿐이라 하신다.

나이 들어서
가진 것에 연연하고
탐욕을 부리는 노인들은
존경은커녕 추해 보인다.

나도
이제 몇 년 후면
칠십 대열

지금부터
슬슬 가진 것을 내어놓는 수련을 할까 한다.
우선
내게는 필요 없지만
다른 사람들에게는
필요한 것부터

성모님께
갈 때는
가진 것을
다
내놓는
잔치를
벌일까 한다.

마당에 다 내어놓고
맘대로
가져가시라고

폐차가 된 몸도
병원에 기증할 생각이다.
누군가의
신체에 도움을 줄 수 있다면

뼛가루는
바다가 보이는 언덕에 수목장으로 했으면 한다.

다
내놓고
갈 때까지
죽기 직전까지
열심히 공부하고
깨달은 것을

나누는
삶을 살고자 한다.

어느 시인분처럼
소풍 잘하고 간다는 말을
유언으로
남기고
미련 없이
성모께
가고 싶다.

장례미사 때는
내 강의 중
제일 재미있게 한
강의를 틀어놓아서
마지막으로
조문객들을 즐겁게 해주고 싶다.
왜

주님께

갈 생각 안 하냐고?

그 양반

일중독자라

죽어서도

상담소 하라고 할까봐.

ㅋㅋㅋ

탁월한 선택 명동밥집

명동밥집 운영자 신부들과 회동
그들의 이야기 들으면서
명동밥집이 교구의 탁월한 선택이란 생각이 들었다.

수백 명에 달하는 노숙인들은
배고픔과 외로움에 시달렸는데
명동밥집 봉사자들로부터
맛있게 드세요 하는 말을 들으며
위로받는단다.

봉사자들은
갈수록 주는 게 아니라
늘고 있단다.

식사하러 오는 분들 중에는
간혹
독지가들이 있어서
후원금을 놓고간단다.

명동밥집은
단순한 밥집이 아니라
우리 교회가
가야할 길의
모델인 것이다.

낮은 곳에서
외롭고
배고픈 이들과
함께 하면
인간미를 찾는 사람들이
교회를 찾아온다.

몸으로
복음정신을 구현하는
명동밥집 사제들 수도자들
봉사자들에게
박수 보낸다.

입 다무시오

명동밥집을 두고
여러 가지 말들이 많은가 봅니다.
글쎄요.
구체적인 내부사정은 잘 모릅니다만
존재감이 없어져 가던 가톨릭교회가
사회적 호감을 얻어가고 있다는 것은
분명히 느낍니다.
저는
여러분과 사람들 만나니
누구보다
외부여론에 밝은 편입니다.

명동밥집
어떤 이들에게는
밑빠진 독에 물 붓기로 보일지도 모릅니다.
그런다고
머가 달라져 하고
비양거릴지도

문득 어린아이가 내놓은
물고기와 빵조각을 든
주님이 생각납니다.
그때
제자들은
저걸로
이 많은 사람들을 어떻게 먹여
저 양반 정신 없네
비양거렸습니다.
그때
기적이 일어났습니다.

사람들이 자기들만 먹으려고
꿍쳐둔 것들을 내놓은 것입니다.

명동밥집은
착한 일을 하고픈 사람들에게
기회를 주는 자리입니다.

우리 교회가 자리를 마련하자
선한 사람들이
자기들 것을 내놓고
행복해합니다.

단순히 밥만 주는 것이 아니라
나눔의 행복을 만끽하는 것입니다.

길을
가다보면
늘
깔끔한 길만 가는 것은 아니지요.
때로는
똥 밟을 때도 있습니다.
그러나
길바닥에
똥이 있다고
길을 안 간다면

참 개똥 같은 짓이지요.

가는 길이 옳다면
갈 데까지 가야지요
주님께서
가자시는데
가야지요.

옆에서 궁시렁대고
딴지 거는 분들
봉사하거나
돈을 내시거나
둘 다
싫으면
입 다물고 있거나

만약 안 좋을 일 생기면
입방아 찐 벌이니 달게 받으시오.

어제 부산 마리아 수녀님들을 만났다

처녀의 몸으로 고아들을
돌보느라 평생을 다 바치고
이제 노년에 접어든 수녀님들
아동학대범으로 몰린 후
식사도 잠도 잘 못 잔다 한다.

자책하면서
우울증 증세조차 보인다.

아이들 보육사업에서 손을 떼신단다.

그렇다면
아이들은
누가 돌보고
어디로 가야 하는 것일까?

수도자들에게 돌을 던진 사람들이
당연히

아이들을
책임져야 한다.
그토록
아이들을 위해
나섰으니
아이들을 위해
수도자들에게
돌을
던져서
수도자들이 손을 떼게 했으니
당연히
입양하고
아이들의
앞날을 챙겨주고
자식처럼
결혼이나 취업 등도
책임져야 한다.

그런데
묘한 소문이 들린다.
보육원 자리에
다른 교육기관이
들어선다는…

다들
아닌 척 하지만
보육원을
혐오시설이라 여기고
집값 떨어진다
설레발치던 것은
어제 오늘의 일이 아니다.

지금 우리사회에서 혐오시설이란
집값 떨어뜨리는 시설들을
의미한지 오래되었다.

재개발지역에서 사목하면서
목격한 것은
재개발 초기에 도는 소문들
재개발이 필연적이고
주민들을 위한 것이란
소문들이
이익을 얻고자 하는 자들의
카르텔에서
나왔다는 것이다.

보육원을
방문하면서
그런 냄새가 나는 듯했다.

재개발 동네에서
생긴 의심중인지
구린내가
가시질 않는다.

거의
모든 사건 사고의
밑창에는
돈이란
구렁이가
또아리 튼 걸
보다 보니
생긴
의심중이다.

내
의심이
의심으로
끝나길
바란다.

평화방송 시사프로 자리에서 우연히 만난 마리아회 수녀님

아동학대 했다고 언론에서 질타당한...
서울수도원에서
수녀님들과 면담을 하고
그간의 오래된 이야기를 들었다.
다들
웃음을 잃고
멘붕이 무너진 상태
오갈 데 없는 아이들과
같이 지낸 세월
방 하나에 이삼십 명
그곳에 담당 수녀가 한 사람씩 같이
살았단다.
자신들의
청춘을
아이들과 보낸 사람들

아동학대...?

보육원 아이들을
실제로 학대한 건
누구일까.

보육원을 혐오시설이라고
집값 떨어진다고
하고
보육원 아이들은
부랑아들이라고
손가락질하던 것이
기성세대이다.
아이들은
보육원, 고아원 출신이란 딱지를
평생 붙이고
살아야 했다.

지금도
그것은 여전하다.

이미

오래전부터

우리 사회에서는

보육원 아이들에 대한

학대가 이어져왔다.

그러고서

지금은

자신들이 인권의 수호자인 양

수녀들에게

돌을 던진다.

참

뻔뻔스럽다.

수녀들에게

돌을 던질

자격을 가진 사람은

없다.

가슴에 손을 얹고

자신에게
물어보라.
난
보육원 아이들을
위해 기도했는가.
조금이라도
관심 가졌는가.
그 아이들을
불러서, 밥이라도 먹이고
내 자식들과
친구가 되게 해주었는가.

부모는 아이들을 버렸고
사회는 아이들을 정신적으로 학대했으며
정부는 돈 몇 푼 주는 것으로 책임을 면하려 했다.

수녀들을
아동학대범이라고

돌을 던질
자격이 있다 하는 사람들은
앞으로
나서 보라.

만약
그대가
보육원 아이들을
다 자기 집에서
받아준다면
기꺼이
돌을 맞아주리라.

착한 신자분들

착한 신자분들이 가끔 묻는다.
피하고 싶은 사람
만나고 싶지 않은 사람은 어떻게 해야 하나요?
피하고 만나지 말라고 한다.

내게 상처 주는 사람은
어떻게 대해야 하나요?
피하라고 말한다.

그 사람이 본당 신부라면?
신부가 하나둘도 아니고
지천에 깔렸으니
맘에 드는 신부에게 가라고 한다.

신자로서 어떻게 그럴 수 있냐고
하는 분들이 의외로 많다.
착한 게 아니라
착한 아이 콤플렉스이고

무기력증이다.

성장 과정에서 폭력적인 부모하에서
무기력하게 자랐을 가능성이 크다.

이런 분들은 신나게 노는 법부터
배워야 한다.

놀이판에서
쭈뼛거리는 분들을
보면
주눅 든 아이가 보인다.

선행

선행
일부 종교인들은 선행을 부정적으로 봅니다.
선행으로 구원받는다는 것은 교만이고
오직 믿음만으로 구원받는다는 주장
아무리 죄를 지어도 죽기 전에 믿음을 고백하면
구원받는다는 주장

결국
이런 생각이 미얀마 군부 같은 괴물들을 만들게 합니다.
악행을 저지르고 살생을 하고서
절간에서 불공드리는 괴물들
사람은 죽여도
벌레는 죽이지 않는다는
해괴한 신앙을 가진 괴물들을 만들어냅니다.

선행한 것만큼
구원받는다는 것도 유아적이고

유물론적 발상이지만
선행을 안 하더라도
믿음만 가지면 된다는 것은
악행을 저지를 여지를 주는 병적인 주장입니다.

결국 이런 발상은 그 밑바닥에
종교이기주의가 깔려있는 것입니다.
그리고
다시 그 밑바닥에는
종교자본주의가 숨어있습니다.

이런 종교이기주의가 어처구니없는
이단론을 만들고
마녀사냥을 하게 합니다.

하느님을 찾으면서
믿음을 강조하면서
사람에 대한 존중심이 없다면

그건
신앙이 아니라
우상숭배입니다.

우리가 낸 세금은 이런 곳에

목숨을 걸고 일하는 사람들
우리가 낸 세금은
이런 분들에게
제일 먼저 사용돼야 하는 것 아닌가.
화재 현장에서 본
참혹한 장면들 때문에
트라우마에 시달리는데도
제대로
치료받지 못한다는 이야기를 들었다.
순직하고 나서야
일시적으로 애도하느니
난리치지 말고
생전에
그들에게
참으로 필요한 게 무엇인지
찾아주어야 한다.
그리고
정치인들은

제발 사진 찍히러
찾아가지 마라.
관심도 없는 것들이
자기 홍보 하러 가서
고인은 뒷전으로 밀리는 일이
허다하다.
니들
가진 거나 탈탈 털어서
유족들에게
내놓아라.

미래를 위해 사는 소리 없는 사람들

드라마 스토브리그를 보면
왠지 우리 사회를 보는 듯한 느낌이 듭니다.
일이 되게 하기보다 꼬이게
질투 험담 음모
악화가 양화를 구축한다.

의미보다
돈을 추구하는
미래보다
현재에 급급한
그런데도 사회가 무너지지 않는 건
그럼에도 불구하고
미래를 위해 사는 소리 없는 사람들이 있어서이다.

성인이란?

성인이란 어떤 사람인가…?
기도를 많이 하는 사람…?
기적을 일으킨 사람…?
세상을 떠나 은둔생활을 한 사람…?
인간적인 약점이 없는 사람…?

그런 것들은
단지
외양적인 것
이미지에 지나지 않는다.

진정한 성인은
그가 세상을 떠난 후
그리움의 대상이 된 사람이다.

울지마 톤즈란 영화에서
수단의 아이들이
고 이태석 신부의 영상, 장례 장면을 보여주자.

흐느껴 울면서
보고 싶다고 한다.
그 모습을 보면서
맞다.
그가 진정 성인이었구나 하는 생각이 들었다.

사람들에게
특히 아이들에게
그리운 존재로 기억되는 것은
참으로 중요하다.

그래서
심판 날
주님께서
물으신단다.
너
날
기쁘게 해주기 위해 뭘 했어가 아니라

널
다시 세상에 보내달라고
하는 사람들이
몇 명이냐고
물으신다고

내가
죽은 후
몇 사람이나
날
기억해줄지
한번
세어보자.

저 인간 죽어도 싸
살아 돌아올까 겁난다.

집단학살을 저질렀던 자들의

무덤 근처에는

십자가 마늘 소금들을 둔단다.

살아날까 봐.

큰소유

무소유
아름다운... 종교언어이다.
그러나
진정한 무소유는 없다.
작은 것 가치가 떨어지는 것을 버리고
더 큰 가치를 추구하니
큰 소유라고 해야 맞다.

무소유는
더 큰 가치에 몰두하느라
사사로운 것들에 덜 신경 쓰는 것에 지나지 않는다.
만약
외적 물적 무소유에 집착한다면
그것은 비운 것이 아니라
비운 척하는 것에 지나지 않는다.

중요한 건
무엇을 위해 사느냐이지

얼마나

궁핍하게 사느냐가 아니다.

08
여덟 번째 이야기방
...

마음공부,
신자들 마음 안으로 들어가서
곪아 터진 상처들을
돌보고자 한다.

사제는 상처 많은 심리적 고아인 신자들의
아버지가 되어야 한다는 것을...
무당굿 하는 듯한 사제 놀이가 아니라 그 아픔 속에 깊이 들어가
상처를 치료해주고 꿰매주는 치유자가 되어야 한다는 것을...
심리학은 나의 자원을 알게 해주어서 나의 인생을
풍요롭게 해주었을 뿐만 아니라 종교가 가진 편견들,
종교적 무지들을 보게 해주었고 복음에서
주님의 뜻을 보다 깊게 이해하게 해주었다.
나는 신학을 공부하면서 신앙을 잃었었는데
심리분석을 하면서 신앙을 얻었다.
모든 어른들이 갖추어야 할 것은 공감능력이다.
따뜻한 관심 그것이 제일 필수이다.

상담심리를 공부하기 전

신부는 성사를 잘 주면 그것으로 족하다고 생각했다.
미사하고 고해성사만 잘하면 성인 신부가 될 것이라 생각했다.
신자들은 고민을 이야기하며
기도해 줄 것을 부탁하였다.
나름 열심히 기도해주며
사목적 기쁨을 느꼈다.
그러다가
사십 중반에 상담을 받고
상담심리를 공부하면서
사제생활이
신자들의 삶 한가운데 들어간 삶이 아니라
겉도는 삶, 피상적인 거룩함만 지향한 삶이란 것을 알게 되었다.
일명
사제 놀이
신자들은
기도만 부탁했지.

자신들의 진짜 고민은 이야기하지 않았다.

왜…?

신부들이 알아듣지 못하니까

말 그대로 신학 성서학으로 신에 대한 공부는 했지만

사람 마음을 깊이 해부해보는 공부는 한 적이 없어서

사람들이 갖는 고민의 원인 갈등의 원인을 알지 못하니

내재아가 뭔지 콤플렉스가 뭔지

결핍욕구 심리적 외상 등등의

여러 가지 아픔들을 알지 못하니

대답을 해줄 수 없는 것이 신부들인지라.

행여

기껏 상담을 해주어도

어설픈 상담, 훈련받은 적 없는 말장난뿐이니

신자들이 깊은 속내를 드러낼 리 만무였다.

그런데도
착한 신자들은
신부들이 조금만 거룩해 보여도
성인 신부라 추켜 주고
사랑해주었다.
마치
어른들이 아이들 칭찬하듯이
그래서
사제 놀이에서
벗어나기가 더 어려웠다.

그러다
상담심리를 공부한 후
신자들 마음이 보이기 시작했고
곪아 터진 상처
웅크린 내면의 아이들이 보이기 시작했다.

부모에게 상처 입고

살아가면서
또
상처 입고
뒤틀리고
웅크린 자아들이 보였다.

아
고아들이구나
겉은 멀쩡한데
속은 춥고 외롭고 아픈 고아들이
대부분 사람들의
내면이었다.
그제사
사제 놀이 서양 무당놀이가
어떤 것인지 깨달아졌고
신부들이 정말 해야 할 일
주님께서 성서에서 누누이 강조하신 것이 무엇인지가 알 것 같았다.

사제는
상처 많은 심리적 고아인 신자들의
아버지가 되어야 한다는 것을

무당굿 하는 듯한 사제 놀이가 아니라
그 아픔 속에 깊이 들어가
상처를 치료해주고
꿰매주는 치유자가 되어야 한다는 것을

사제 놀이를 하는 동안에는
신자들에게 응석을 부렸다
혼자 사는 외로움이 어쩌고저쩌고
자기감정에 도취되서
희생자 코스프레
순교자 코스프레
등등
벼라별 생쑈를 다하였다.

집 걱정 밥 걱정 할 일 없으면서
세파에 시달리고
병들어 죽어가는 신자들 앞에서
온갖 추태를 다 부렸다.
착한 신자들은
자기들의 배고픔보다
배부른
신부 걱정을 더 해주었다.

술 처먹고
객기 부리고
마치 자신이 순교지라도 되는 양
온갖 생쑈를 다해도
비위를 맞추어주느라
간 쓸개 다 내놓아주었던 착한 신자들
착한 목자 코스프레
순교자 코스프레를
때로 개망나니 짓조차도

성사를 집행하는 사제란 이유 하나만으로
다 용서해주고 이해해주는 것이
신자들이란 것을
상담 공부한 후 알게 되었다.
그래서
이젠
사제 놀이 그만두었다.
놀이꾼이 아닌
진짜사제가 되고자
신자들 마음 안으로 들어가서
곪아 터진 상처들을
돌보고자 한다.

정신차리고 보니
성당은
수도원이 아니고
치유센터이고
고아원임이 보인다.

온갖 마음의 병을 가진
외로운 영혼들이
찾아오는 곳

상담가는 어떤 사람?

 상담가는 어떤 사람들이냐고 묻는 분들이 가끔 있습니다.
 저의 경험으로, 상담가는 구조사와 유사하다고 느껴집니다.
 물에 빠지거나 위험에 처한 사람들을 구조하는 분들처럼
 상담가들은
 정신적으로 위기 상황에 빠진 사람들을
 구조하는 사람들입니다.

 따라서
 상담가들은
 심리이론만 안다고 누구나 할 수 있는 것이 아니라
 사람에 대한 특히 어려운 사람들에 대한
 깊은 공감 능력과
 헌신성
 사람을 돈을 버는 대상이 아니라
 치유 대상으로 보는

마음가짐이 필요합니다.

그리고
매일 자기분석을 해야 합니다.
즉
수도자적인 자세로
자기 문제를 들여다보는
삶을 살아야 합니다.

심리학책 몇 권 봤다고
자격증 땄다고
할 수 있는 일이 아닙니다.
수도자적인 마음가짐이 없다면
하지 않는 것이 낫습니다.
상담한답시고
내담자를 돈벌이 대상으로
악용하거나
심리적 노예로 삼거나

상처 주는 사례들이
늘고 있어서
걱정입니다.

기계는 다루기 위해서
자격증이 필요합니다.

상담가는
때로 자격증이 악용됩니다.

상담의 대상이 기계가 아니라
사람이라서 그렇습니다.

심리학

신부가 신학을 공부하지 무슨 심리학이냐 하는 힐난을 많이 들었다.

심지어 심리학도 학문이냐 하는 중세적 사람들도 보았다.

심리학은
나의 자원을 알게 해주어서
나의 인생을 풍요롭게 해주었을 뿐만 아니라
종교가 가진 편견들
종교적 무지들을 보게 해주었고
복음에서
주님의 뜻을 보다 깊게 이해하게 해주었다.
신학과 철학은 애매한 형이상학적 설명으로 일관하지만
심리학은 현실을 근거로 하기에
사는 데 큰 도움이 된다.

나는 신학을 공부하면서
신앙을 잃었었는데

심리분석을 하면서
신앙을 얻었다.

반동형성

반동형성
사람 마음 안에는 방어기제
그중 하나가
반동형성
무엇인가를 지나치게 주장함은
그 내면에는
반대 욕구가 있다는...

설마 했는데
현장에서
많이 보았습니다.

권력을 욕하는 자들이
권력을 탐하고
가진 자들을 욕하는 자들이
재물욕이 강하고
누군가에게 헌신해야 한다고
주장하는 자들이

배신자가 될 가능성이 높다는 것을

사람은
속내를 감추기 위해
반대로
지나치게 할 때가 많다는 것을
그래서
누군가가
입에 침을 튀기며
누군가를
비난하거나
지지하는 것을 보거든
경계해야 합니다.

해소와 분석

이메일이 왔다.
졸저를 보면서
자신이 하지 못한 내용이 확 와닿아서

싫은 사람 대응법
왜
싫어하는지
자기 분석해보란 내용

아하
심리치료 중
최상급 기법

하수들은 따라 하면
안 되는 것을
상급자용이라고
단서 붙여야 하는 것을 깜빡했다.

심리치료는
두 가지 원리를 기반으로 한다.
해소와 분석
감정을 풀고
그다음 분석
이 과정을 번복하면서
나선형으로
성장한다.

해소만 하고 분석을 안 하거나
해소 없이 분석만 하면
문제가 발생한다.

우리 교회는
해소는 안 하고
지독한 분석
병적인 분석을 하는 이들이 넘 많다.

부모자격시험

아이들을 학대 혹은 살해하는 부모들을 보면서
부모도 자격시험을 봐야되지 않느냐는 농담 반 진담 반의 이야기가 오간다.

부모뿐만 아니라
모든 어른들이 갖추어야 할 것은 공감능력이다.
따뜻한 관심
그것이 제일 필수이다.

부모가 자식을 경쟁상대로 여기거나
무관심
혹은 적대감을 갖고 대할 때
아이들은
마음 안에 외로움의 벽을 쌓는다.

자폐증적 삶을 사는 것이다.

그것이 상처 입지 않고

생존하는 방법이기 때문이다.

이런 아이들은
평생 괴물에게 쫓기는 악몽에 시달린다.
부모라는 괴물

상담을 하면서
이런 공감 능력 부재 현상이
사회계층과 상관없이 나타남을 보았다.

오히려
사회적 신분이 높아질수록
심리적 압박감이 더 심해지고
아이들이
정신적 문제에 시달리는 것을 본다.

경제적인 문제보다
정서적 문제가 더 심각하다는 것이다.

말로는 인성교육 운운하지만
성적 실적으로 사람을 평가하는
분위기에서
공감 인성 같은 말들은
구닥다리 영감들의
헛소리로 치부된다.

그러나
좀 더
앞을 내다보면
공감받으며
자란 인성 좋은 아이들이
성공하고 지도자가 되는 것을 볼 수 있다.
자기밖에 모르는 공감능력 제로인
아이들은
결국
범죄자의 길로 들어섬을
매일 보고 있다.

진상 내담자

초기, 유료상담 할 때는
상담가들이 속을 썩였다.
자기들 수고비
심지어 어떤 이는
과도한 대우 받길 요청했다.
그래서
그런 자들과
손절하려고
무료상담소로 전환했다.
똥이 없으면
똥파리도 없듯이
돈을 말리면
진상상담가들이
없어질 거라 예상
예상대로
그런 사람들은 다 나가고
진심으로 상담 봉사하려는 사람들이
들어왔다.

수준도 높아지고

그런데
무료상담소를 하니
이번에는
내담자들이
진상들이 온다
상담이 아니라
땡깡부리는

특히
소장신부 아니면
안 된다고
진상 부리는 사람들

마치
무료급식소에 와서
특별대우 해달라.

땡깡부리는 자들과 같다.

다
잘라버리라 했다.
이웃 사람 사랑하길 내 몸같이...?
내 몸의 암 덩어리는
제거하는 게 맞다.

기준

신부님은 싫은 사람들에 대한 분노를 어떻게 처리하세요.

사람을 정상적인 사람 어른으로 보면
분노가 터집니다.
저게 왜 저런 짓을 할까.

그러나
환자로 보면 달라집니다.

다른 사람들이 보기에
온전해 보이지 않는 사람들은
실제 심리적으로
정상상태가 아닙니다.

어떤 기준이냐고요…?
일상을 못 살거나
관계 형성을 못 하거나 하는 것들입니다.

어떤 것에 지나침이 보이면
정상으로 보기 어렵습니다.
정신병원에 갈 정도는 아니고
신경증 환자도 아닌데

콤플렉스와 상처가 덧나서
몸부림치는 사람들

윤리적 관점에서는 비판을 하지만
심리치료 관점에서는
왜 그런 행동을 하는지 분석하고
치유처방을 만듭니다.

커피 한 잔의 여유

커피 한 잔
광고 문구 같은 말
그러나
일상에서 필요하다.
평소 우리는
말들처럼 질주하며 산다.
거품을 물고
달린다
그런데 그럴수록
불안 우울은 커지고
광기마저 생긴다.
뇌가 과부하가 걸린 것이다.

그럴 때
잠시 한숨 돌리는 것이 필요하다.
커피 한 잔
하늘 한 번 바라보기
오 분만

투자해도
기분은 달라진다.
달라진 기분은
에너지도 재충전 해준다.

쉬지 않고
달리는 말처럼 살지 말라.
거품 물고
달리다 죽는다.

자기처벌

사람을 미워했습니다.

왜요…?

그 사람이 저에게 큰 상처를 주었습니다.

미워할 만하네요

그래도

너무 미워서 죽길 바랐습니다

그래서 죽었나요?

아니요.

병들었나요?

아니요.

자매님이 미워하는 걸 아나요…?

아니오.

그렇다면

뭐가 문제인가요

천주교 신자들은 사람을 미워하면 안 되지 않나요.

하하

살면서

어떻게 미운 마음 없이 살 수 있을까요.

누군가를 미워하는 건 자연스런 현상입니다.
그런데
미운 감정을 갖지 말라는 건
본인이 힘들기 때문입니다.

열심한 신자분일수록
자신의 문제를 키우는 습관이 있습니다.
이것은
자기 성찰이 아니라
자기처벌입니다.
이것은
주님께로 가는 삶이 아니라
우울증의 늪으로 가는 삶입니다.

힘들 땐 전화해

상담을 받으러 간다고 하면
사람들은 이상한 눈으로 보려고 합니다.
몸이 아프면 병원에 가듯이 마음이 아프면
정신과나 상담소를 찾는 게 당연하건만
무슨 심각한 문제를 가진 사람처럼
색안경을 쓰고 보려고 합니다.
그러나
상담을 받으려고 하는 사람들은
참으로
내적인 힘이 있는 사람들입니다.
우선 자기 인식을 한다는 것이 대단합니다.
대부분의 사람들은 남의 문제는 잘 보아도
자기 문제는 잘 못 보거나
안 보려고 하는데
상담소를 찾는 사람들은
대체로
자기 인식을 하는 사람들입니다.

물론

게 중에는

푸념이나 하려고 하는 사람들도 있지만...

두 번째는

재활 의지가 강한 것이 장점입니다.

부모에게 제대로 돌봄을 받지 못한 사람들은

자기 방식대로 생존을 도모하면서

여러 가지 상처를 입고

내면이 황량해져 갑니다.

그래서

중독자들이 나오는 것인데

파괴적 중독에 빠지지 않고

재활을 시도한다는 것은

대단한 일입니다.

가톨릭평화방송

힘들 땐 전화해 프로에

상담전화를 하는 분들은

박수를 쳐 드려야 합니다.

어쩌다 여기까지

길거리 의자
술에 취한 노숙인이 잠들어 있다.
소주병 하나와 빵쪼가리
배낭도 널브러져 있고
나이 오십대

어쩌다
여기까지 온 것일까.
세상에 태어나서
노숙인이 되고픈 사람이 누가 있을까.
어떤 삶이
이 사람을
이곳까지 밀어온 것일까.

그런데
심리적 노숙인들도
적지 않다
자기 인생이

어디로 가는지도
모른 채
표류하는 배처럼 사는 사람들

상담소를 찾는 사람들이다.
이들에게
잠시라도
쉴 공간과 시간을
제공하는 것이 상담소이다.

그래서
명동무료밥집처럼
무료상담한다.

사람 마음

정신과의 스캇펙 박사는 말했다.
Life is difficult 라고
그리고
어렵다는 걸 받아들여야 살 수 있다고

그 말이 틀린 건 아니지만
왠지 속이 꼬인다.

삶은 아주 어렵기 때문이다.
얼마나 어려우면
극단적 선택까지 할까.

죽고 싶어서 죽는 사람이 누가 있을까.
가족 중
누군가가 극단적 선택을 하면
종교인들 중
잔인한 단죄를 하는 사람들이 있다.

심지어
죽을 용기로 살지 하며
조롱하기도 한다.

쓰러진 사람을
두 번 죽이는 살인 행위이다.

심리학을 공부하면서
사람의 마음이 얼마나
약하고 허술한지
알게 되었다.

다른 사람이 던진 말 한마디에
무너지는 마음

그런 마음에 무지한 종교인들은
주님의 말씀 운운하면서
책임지지 못할 말을

강론대에서
쏟아낸다.

이런 날은

상담을 하면서 좋은 점은
이전에는
사제역할, 신자들 삶 속에 들어가지 못 하고
마치 연기자처럼 종교인의 모습을 보이는 삶을 살았는데
상담을 하면서 비로소 사람들의 삶 속에 들어간 느낌,
진짜 사제의 맛을 보기 시작했다.

그런데
늘
좋지 않은 이야기
힘겨운 이야기만 듣다 보니
나도
모르게 우울감에 젖어 산다.
한강다리 건너며
그곳에서 죽은 한 많은 영혼들이 생각나고
전국 어디를 가던지

피냄새 나는 학살 현장에서
아직도 울고 있을 원혼들 기도해 주는데
문제는
그러다 보니
우울감에 점점 빠져드는 것이다.

이런 날은
멤버 모아
화투라도
쳐야 한다.

음악

음악
엄청난 것이다.
남수단 이태석 신부는
총을 들었던 아이들에게 음악을 가르쳐서
아이들이 아이다운 심성을 갖게 했다.
오래전
예수회 신부들은
남미에서 원주민들과
음악으로 소통했다.
언어를 몰라도
음악으로 대화가 가능하다.

난
음악을 몰랐다.
초딩시절
어려운 악보 공부에 질려서

그땐 선생님들이 왜 그렇게 공부를 재미없게 가르쳤

는지
　음악 그러면 지겨운 느낌

　본당목사를 하면서
　신자들에게 끌려 품위 있는 척
　클래식 음악회에 갔다가
　죽는 줄 알았다.

　그렇게 음악과 담쌓고 지내다
　엉뚱한 기회에 음악의 맛을 알았다.
　철거로
　휑해진 재개발 지역에서 살 때
　아침마다
　나도 모르는 클래식 음악을 있는 대로
　크게 틀었다.
　무식한 동네 깡패놈들 머리 아프라고

　근데

며칠 동안

들으면서

내 머리가 시원해짐을 느꼈다.

그 후

두통이 생기면

이름도 모르는 음악을 듣는다.

아니

맛을 본다.

난

음치이고

음악에 문외한이다.

그러나

유식해지려고

더 알고 싶지 않다.

그냥

음악의 맛을 볼 뿐이다.

그런 맛있는 음악을
맛없게 설명하는 자들을 보면
짜증 난다.

화투

신자들에게 기도를 가르쳐야지 무슨 화투냐 하는 분들

첨부터 말했지만
난 신자들의 마음건강 쟁기는 게 내가 하는 일이라 했다.
심약한 신자들의 마음의 힘 키워 드리는 게 나의 일이다.
그런데
방법들이 고전적인 신앙 방법과는 상당히 다르다.
심리치료에서 중요시하는 것은 감정이다.
감정은 몸의 근육처럼
마음의 근육
따라서
감정표현은 감정근육훈련인 것이다.
그런데
사람의 감정을 다양하게 쓰려면
놀이가 제일 좋다.

놀이는 희로애락을 비롯한 수많은 감정을 쓸 수 있기 때문이다.

그래서
잘 노는 사람들이
마음이 건강하고
성격이 좋다 하는 것이다.
반면 감정 억압을 당하거나
감정표현이 위축되면 신경증적 증세에 시달리거나
짜증 많은
뒤끝이 긴
피곤한 성격이 된다.
방송이나 강의를 유머 없이 메마르게 하는 사람들이
그 부류이다.
글도 마찬가지
웃음 유머 위트가 없는 글을 쓰는 사람들은
일단 정신감정을 받는 것이 좋다.
그 마음이 사막이라서 그렇다.
우리 교회는 오랫동안 이런 신경증자들을
존경하는 무지한 짓을 해왔다.

심지어

주님마저 웃음기 없는 분으로 박제품처럼 만들어 왔다.

자기자신의 투사물로

그런

심오한 의미에서

화투를 권장하는 것이다.

화투는 짧은 시간에 온갖 감정을 다 사용하게 하는 놀이이다.

그래서

우울한 노인분들께

기분전환 치매예방 등, 효과가 탁월하다.

이렇게 설명해도

거룩한 삶을 가르쳐야 할 사제가 화투가 무슨 말이야

지랄하는 분들이 계실지 모른다.

글쎄

난

사람을 살리는 게 나의 소명이라.
사람들의 우울증에서 벗어나서
건강을 되찾는다면
뭐든지 다 써 본다.

내 방법이 싫으면
다른 데 가서 놀아라.
여기서 지식인인 양 굴지 말고
이곳은 내 병원이다.
마음에 문제가 생긴 사람들만 들어오라.

나
아무 문제 없어 하는 성격장애자들은
니들끼리 놀아라.

내 안의 소리

하루 종일 일해서 피곤한데
그래도
뭔가 다하지 못한 듯
찜찜한 기분이
드는 이유는 뭘까요...?

완전 강박증
이 증세를 가진 사람들은
마음 안에
지독한 시어머니가 하나 살고 있습니다
며느리의 모든 것에
잔소리해대는
고약한 소리

가만히
앉아
내 안의 소리를 들어보면
들립니다.

마치

도덕인 양

양심인 양

때로 성경 말씀인 양 둔갑하면서

사람으로

하여금

짐을 내려놓고

쉬지도 못하게 하는

악성 존재

어릴 때부터

마음 안에 서식해서

마치

내 생각처럼

인식되는

거머리

상담하면서

이야기를 듣다 보면
내담자들이
주로 사용하는 말들 속에서
독사처럼
또아리 튼
그것들이
느껴집니다.
그래서
말을
끊고
한 마리씩
모가지를 잡아 끄집어냅니다.

내게 있어서
상담은
사람을 잔인하게 몰아대는
내면의 독사를 잡는
것입니다.

애들
정말 웃깁니다.
때로
사제복 승복 뒤에 숨어서
그럴듯한
종교언어로
포장해서
독기를 뿜어대는
아주
영리하고
사악한 것들입니다.

어찌
그리 잘 아냐고요?
제가 너무나도
오랫동안
그것들에게
시달리며

살아와서 잘 압니다.
상담심리 공부 전까지는
그것들이
내 양심인 줄 알고
상전처럼 모시고
종살이를 했습니다.
그러다
심리분석을 통해
그것들의
실체를 보고 난 후
뱀 잡는 사람이 되었습니다.

문제는
독실하고 열심히 해 보이거나
원가 도를 체득한 사람처럼
보이는 사람들 안에 숨은
뱀들은
거대하고

오래된 놈이라서
사람들이
신처럼
모셔서
잡아내기가 수월치 않다는 것

명망 있는 종교인들의
소위 말씀 안에 서식하는
뱀들은
수많은
사람들을
현혹해서
노예처럼
만들어놓고
삽니다.

특히 말씀의 중요성을 강조하는 자들 중
유난히 많습니다.

그 뱀의 이름은

내사 Introjection입니다.

이놈에 대해 자세히 알고 싶은 분은

유튜브에서

제 이름 치시고

내사에 대한 강의 영상을 보시면 됩니다.

제가 쓰는 모든 글

모든 영상들은

이 뱀을 잡기 위한 것들입니다.

그럴듯한 껍질로

위장하고

사람들의

자아를 목조이는

이 내면의 뱀들을

잡는데

제 모든 것을 걸었습니다.

나처럼 살아봐

나처럼 살아봐
본당마다 아주 독특한 인물들이 있다.
기도도 열심히
일도 열심히

그런데
잔소리가 많고
다른 사람들이 원치 않는 충고를 하는 사람들

멀리서 보면
성자 같은데
가까이하기엔 너무나 피곤한

이런 유형들은 대개 심한 열등감을 가진 사람들이다.
인정받고 싶은데
가진 것도
배운 것도 모자르다는 열등감이 깊을 때

그것을 만회하기 위한 수단으로
종교적 행위를 선택한다.
다른 사람들보다
더 많은 기도나 종교 행위를 함으로써
스스로를 높이고
다른 사람들을
지배하거나 무시하고자 한다.

이 증세를
바리사이 콤플렉스라고 한다.
이들은
어떤 대화를 하건
기승전 그리고
나처럼 살아봐로 대화를 이끈다.

일반상담이 아닌 심리해부

제가 올리는 글들은
심리해부입니다.
일반상담이 아닙니다.
외과의가 수술로 암 덩어리 제거하듯이
저 역시
심리해부로
심리적 암 덩어리
병적인 생각을 제거하는 것이 저의 일입니다.
문제는
종교적 암 덩어리들이
뿌리 깊고
심각하단 것입니다.
종교적 암 덩어리들은
통증이 없을 뿐만 아니라
암 환자가
자신이 특별한 인물인 양 착각하게 만듭니다.
그래서
제거는커녕

믿음이란 명분으로 더 키웁니다.

이런 자들의 공통점

돈에 대한 집착

권력에 대한 집착

병적인 우월감

영적 연출, 성인이나 순교자인 척

등등입니다

정신적 암은

마음이 어둠으로

가득함을 의미합니다.

의심과 질투

분열증 등

정신적 암이 전신에 퍼졌을 때

스탈린

히틀러

같은 악질들과

트럼프 아베 두테르테 보우소나루 같은

피싱 조폭들이 생깁니다.

심리검사

오래전 신학교 때
심리학을 가르치던 신부님 한 분
악명이 자자했다.
심리검사로 부제반을 서품 못 받게 한 분
그분이 하는
심리학 강의는 재미없을 뿐만 아니라
읽는 걸 내내 받아쓰는 저급한 수업 아이그
당시
신학교에 심리전공자가 없었던지라.
아무도
그분의 전횡을 막지 못했다.
그래서
억울하게 쫓겨난 신학생들이 부지기수였다.
상담전공자도 아닌 분
당신이 심리적으로 문제가 많았던 분인데
교회가
그 손에 칼자루를 쥐여준 것이다.
그분의 칼부림에 많은 어린 신학생들은

속수무책으로 당할 수밖에 없었다.

참

무지스런 시간이었다.

지금도

그분에게 배운 신부들은

치를 떨고

심리학이라면

이를 간다

그 후유증을 없애느라

오랜시간 애먹었다.

근데

근데

그분의 망령이 되살아나는 듯

심리검사

인성검사로

사람을 평가하려는 조짐들이 나타나고 있다.

ㅊㅊ

그런 것들에 집착하는 사람들에게

경고한다.
인성검사는
본인부터 하는 거라고

과연
결과가 어떻게 나올까.
심리검사에 집착하는 사람들은
대개
공격성 높은
정신이상자들이 많다.

심리적 건강

정신병이 심리적 도피처란 이론이 있다.
스트레스가 심할 때
무의식적으로 선택한다는 것이다.
실제
그런 사례들도 종종 보았다.
그런데
종교에서는
이런 심리적 도피처로
기도를 선택하는 사람들이 있다.
사람들과 어울리지도
활동도 없이
하루 종일
기도에만 매달린다.

이들은
나름의
체험을 하면서
자부심도 갖는데

무능력을 감추기 위한
무의식적 현상인 경우가 많다.

심지어는
자신이 영적 능력을 가진 사람인 향
행세하기도 하고
나름의 추종자도 가져서
심리적 문제를 더 악화시킨다.

심리적 건강의 척도는
일상을 잘 사는가
관계의 폭이 얼마나 넓은가이다.

신앙과 상담의 관계

가끔... 신앙과 상담은 서로 상반되는 것 아니냐는 물음을 받습니다.
상담처방이 신앙의 눈으로 볼 때
이해가 안 가는 것일 때
그런 이야기가 나옵니다.
그러나
심리치료를 공부하면서
알게 된 것은
신앙생활이
때로 사람 마음을 단정적 편파적으로
다루어서,
상처 주고 심각한 죄의식에 빠뜨린다는 것입니다.
주님의 말씀 따라 그런다 하는데
실제로는
주님 뜻과 전혀 다르게
오히려
바리사이들에 가까운 모습을 보입니다.
심리분석은

사람 마음을 아주 깊이 디테일하게 다룹니다.
주님 말씀을 이해하는 데에
큰 도움이 됩니다.

마음에 대해 무지하면
주님이 아니라
바리 사이 편에 서 있을 가능성이 높습니다.

09
아홉 번째 이야기방
...

삶,
인생이라는
내 안의 나무를
키우는 것이다.

상담을 통해서 나를 보게 된 후 돌을 깨어
가지를 뻗고 땅을 뚫어 뿌리를 내리기 시작했습니다.
이제는 상처 입은 사람들에게 작은 그늘 작은 쉼터 작은 등대
역할이라도 할 수 있어서 행복하고 만족합니다.
내가 좋아하고 나름 잘하고 인정도 받고 있으니 더 바랄 게 없지요.
앞으로 할 일은 더 푸르고 더 뿌리 깊은 나무가 되기 위해
더 깊은 공부를 하는 것만 남았습니다.
긴 세월을 끌어주신 주님, 방황하는 둘째 아들 같았던 저를 끝까지
믿어주신 성모께 깊은 감사 인사드립니다.
스탠리 저드는 이런 말을 했다. 가진 것이 없다고 불평하지 말고
가지고 있는 것을 즐기라고.
인생에서 성공하려면 가벼이 길을 가라.

상담가로 일하면서 얻게 된 것들

상담가로 일하면서 얻게 된 것들
사람들의 이야기를 듣다 보면
그 사람 안의 아이가 느껴집니다.
때로 영상처럼 보이기도 합니다.
어린 시절
동네 골목에서 놀던 아이들의 모습
맞지 않는 큰 어른의 옷을 입은
눈에 눈물자욱 선명한
아이들이 보입니다.
그래서
상담 후에는
한동안 마음이 짠합니다.
이제
상담가로
일한 지
이십 년이 넘었습니다.
언제부터인가
사람들이 나무로 보이기 시작했습니다.

여러 가지 형태의 나무
자라지 못한 나무
벼락에 맞아 타버린 나무
돌에 짓눌린 나무
키는 큰데 나뭇잎이 없이 헐벗은 나무

아무리
옷으로 직위로
가리려고 해도 가릴 수 없는 것이
자기 실체이지요.

상담을 공부하면서
인생이란
내 안의 나무를 키우는 것이구나
하는 생각이 점점 더 확신이 듭니다.

내가 나에게 묻습니다.
넌

어떤 나무니?
젊은 시절에는
돌에 짓눌리고
땅이 딱딱해서
뿌리도 가지도 약해빠진
나무만 보였습니다.
열등감 무기력감에 짓눌린
그런데
상담을 통해서 나를 보게 된 후
돌을 깨어 가지를 뻗고
땅을 뚫어 뿌리를 내리기 시작했습니다.
외부의 병적인 신념들
내 안의 병적인 신념들을
깨고 부수고
자존감 자신감을 키우기 위해
나름 필사적인 노력을 했습니다.
편잔도
조롱도

의심도

비난도

시기 질투까지

엄청 많이 받았습니다.

짓눌려서

크지 못한 채 있을 때는

개무시 하던 사람들이

나무가 자라자

다시 예전으로 돌아가라고 폭언을 합니다.

그런데

돌을 깨고

땅을 뚫으면서

자유로운 정신적 쾌감을 맛보고 나니

니들은 닭장 안에서

그렇게 살아라.

난

창공을 날아 갈란다.

하는 마음이 들더군요.

이제는
상처 입은 사람들에게
작은 그늘
작은 쉼터
작은 등대 역할이라도
할 수 있어서
행복하고 만족합니다.

내가 좋아하고
나름 잘하고
인정도 받고 있으니
더 바랄 게 없지요.

앞으로
할 일은
더 푸르고

더 뿌리 깊은 나무가 되기 위해
더
깊은 공부를 하는 것만
남았습니다.

긴 세월을
끌어주신 주님
방황하는 둘째 아들 같았던
저를
끝까지 믿어주신
성모님께 깊은 감사를 드립니다.

극단적 원칙주의자들

어느 조직이건 법이 있다.
법은 그것이 만들어진 이유가 있다.
건강한 생산적인 공동체를 만들기 위한 최소한의 룰이
법의 실체이다.
법철학에서도 이 점을 누누이 강조한다.
그런데
어느 조직이건
법철학보다
법조문에 집착하는 자들이 있다.
일명 바리사이콤플렉스
이들은
자신들이 법대로 산다는 자부심이 강해서
무엇이든
율법의 잣대를 들이댄다.
문제는
이런 그룹들은
신생그룹에게 공격당한다는 것이다.

수정주의라고 비판당한 사회주의자들

더 강한 개혁수도회에 비판받은

개혁수도회인 클뤼니수도원

IS에게 비난당한

탈레반

극단적 원리주의자들의 정신적 문제는

완전강박증, 결벽증, 세심증 등의 신경성질환들이다.

없어지지 않는 먼지를 다 없애서

청정지역으로

만들겠다는 사람들

어떤 사회심리학자가 말했다.

세상을 천당으로 만들려는 자들이

세상을 지옥으로 만든다고

그래서

고 채준호 신부가

생전에 이런 말을 했다.
지도자는
덜 거룩하고
덜 똑똑해야 한다고
그래야
아랫사람들이 숨 쉴수 있다고

사람들을 율법으로 조이던
바리사이들을
주님께서는
정면 비판하셨다.
그런데
지금
교회 일각에서는
주님의 말씀으로
사람들을 조이고 있다.
심지어
자신의 생각과 다르다는 이유로

이단으로 모는
중세 재판이
재현되기도 한다.

우리는
아프가니스탄 탈레반이
무식하다고 비웃는다.
그러나 외피만 다를 뿐
우리 교회 안에도
탈레반이 적지 않다.

이들은
항상
주님의 말씀을 인용하나
이들의 마음속엔 주님이 부재하다.
자신들이
세상의 심판자이기에

자화자찬하는 사람들

칭찬은
다른 사람들이 내게 해줄 때
가치가 있다.
내가 나에게 칭찬하는 건
심리적 결핍인 경우
사용하는 심리처방이다.
그런데
일부
정치인들이
자기자신을 칭찬하기 바쁘다.
자화자찬
이런 자기칭찬은
독이다
보는 사람들로 하여금
불편한 마음이 들게 한다.
정치인들은
열심 일하고
국민들의

칭찬을 기다릴 때
좋게 보이는데
무뇌아들이
자화자찬
바쁘다.
국민 수준은
높아가는데
왜
정치만
퇴행일까.

욕망

나는 아직도 배고프다.
히딩크 감독을 비롯한 여러 사람들이 하는 말

인간이 욕망하는 존재란 의미이다.
인간의 삶은 욕구를 충족하기 위한 삶이다.
그런 인간 조건은 내적 갈등의 원인이 된다.
욕망이 인간 성장의 원동력이자
고통의 원인이기 때문이다.

균형을 잡지 못한 욕망은
탐욕으로 변질된다.
그리고
그 탐욕은
인간의 자아를 걸신 들리게 하고
나락으로 떨어뜨린다.

그래서
많은 종교인들이

욕망을 죄악시하기도 하는데
그러다 보니
역으로
종교적 신경증에 시달리는 현상이 생긴다.
없애서도 안 되고
넘쳐서도 안 되는 욕망

인간으로 산다는 것은
쉽지 않은 일이다.

몰입

스포츠 경기에 빠진 사람들을 두고
빈정거리는 사람들이 있다.
시간 낭비 돈 낭비라고...
그런데
심리치료에서는
스포츠 경기를 보라고 권한다.
경기에 몰입하면
신체에서 호르몬이 분비되는데
이것이
진통제 이상으로
효과가 있다는 것이다.

일상에 찌들리고
힘겨울수록
스포츠 경기를
즐겨야 한다.

그러거나 말거나

　종교인들이 사람들에게 감사하며 살라고 하면 발끈하는 사람들이 적지 않다.
　자기들은 식생활 걱정 안 하니 배부른 소리하는 것이라고…
　물론
　그리 생각할 수도 있다.
　그러나
　감사하는 마음은
　나의 삶을 풍요롭게 하는데
　아주 중요하다.
　작은 것에도
　감사하는 사람들을 보면
　그의 내적 행복감이 같이 느껴진다.
　그리고
　뭔가 더 주고 싶은 마음이 든다.
　감사하는 마음을 가진 사람들은
　자기 삶에 주체적이다.
　매사를

자기 일처럼 해서
신뢰를 얻는다.

가끔
불평이 심한
감사하지 않는 사람들을 본다.

그 마음이야 이해가 가지만
그 사람에게 신뢰는 가지 않는다.
일을 맡기고 싶은 마음도 없어진다.

감사하는 마음이 없으면
생기는 건 화병뿐이다.
세상이 왜 자기를 몰라주냐고
소리쳐 봐야
자기 목만 아플 뿐
세상은
더 멀어진다.

나는
그냥
감사하며
나의 길을 간다.
하는 사람들에게는
누군가의 도움이 주어진다.

스탠리 저드는
이런 말을 했다.

가진 것이 없다고
불평하지 말고
가지고 있는 것을 즐기라고

주님도 말씀하셨다.
가진 자에게는
더 주고
가지지 못한 자의 것은 앗으리라고

불평불만이 많을수록
나의 내면은
황폐해져서
무엇을 심어도
결실이 생기지 않는다.

오랫동안
세상에 대한 불만을 갖고
불평하며 살아왔다.
근데
내가 바른 소리 하는데
다들
슬슬 떠난다.

ㅋㅋ
입에 게거품 물고
악을 쓰니
다들 떠난 것이다.

싸가지

 오래전 방송에서 싸가지 없다는 말을 했다가 왜 비속어를 쓰냐는 무식한 말을 들었습니다.
 싸가지는 어린싹을 뜻하는 표준어인데 그걸 모르는 무식자가 비속어 운운한 것이지요.

 영성심리를 공부하고 종교인들을 비롯한 여러 분야의 사람들, 학자, 전문가 등등
 만나면서
 싸가지에 대해 더 생각하게 되었습니다.

 나이 고하, 학벌 여부, 재산 여부, 남녀
 그런 건 상관없더군요.

 영성은 인성이구나.
 학벌이 좋아도
 돈이 많아도
 나이가 들어도
 지위가 높아도

싸가지 없는 사람들은 즐비하더군요…

어떤 것이 기준이냐고요.

인성이 좋은 사람은 마음이 끌립니다.
싸가지가 없으면
웬지 가까이 가고 싶지 않은 마음이 울컥 올라옵니다.
포장이 좋아도
내용물이 좋지 않기 때문이지요.

편파적인 생각 아니냐고요.

사과 장사 삼십 년이면 보기만 해도
사과가 썩었는지 여부를 안다고 합니다.
사람 마음 해부한 지 삼십 년 되니
속이 보이더군요.

과일도 아닌 것이 과일 행세하고
썩은 사과들이
방부제 뒤집어쓰고 다니는 것
참
많이 보았습니다.

공백

공백
동양화의 묘미는 공백이다.
그런데
그런 공백을 못 견디는 사람도 있다.
그래서 빽빽이 색을 칠한다
대화 중 침묵을 못 견디는 사람들
심리적 공백을 견디기 힘들어하는 사람들
그래서
의미 없는 수다를 떨어야 되는 사람들은

자기 안으로
들어가지 못한다.
내면의 탐색은
외로움 공백의 터널을 지나야 하기 때문이다.

거리두기

사람은 가까이해야 할 사람과
멀리해야 할 사람으로 구분하기도 한다.
멀리해야 할 사람
자신감이 없는데
다른 사람들을 개무시하는 사람들
이들은 사람에게 상처 주고 심지어 노예처럼 만들려 하기에
그 대상이 누구이든 설령 부모일지라도
멀리하는 게 좋다.
실제로 자식을 종처럼 키운 부모들도 적지 않다.
종교인들도 여기 해당된다.
종교인이니 성직자니 괜찮겠지 하다간
큰코 다친다.
아닌 듯싶다 싶으면
거리 두거나
떠나는 게 좋다.

가까이 할 사람은

자신감 있고
타인을 존중하는 사람들이다.
이들은
사람들을 심리적으로 해방시켜준다.
건강한 분노와 자기방어적 불쾌감을 살아나게 해준다
노예가 아니라 주체성을 가진
사람으로 태어나게 해준다.

사회건 종교계이건 간에
이 법칙에서 벗어나는 것은 없다.

죄

같이 사는 사람을 미워하면
죄가 되겠지요…?

글쎄요.
아무 이유 없이 미워한다면 모를까
상대방이 내게 상처 주었을 때에는 미워해도 됩니다.

본당신부님은 사람을 미워하는 건 죄라고 하셨는데요.

미워서 상대방에게 큰 해를 주었다면
죄겠지만
미운 감정 자체는 죄가 아닙니다.
오히려
상대방이 날 해하였는데
미운 감정이 안 생긴다면
그게 문제지요.

그런데

왜 미운 마음을 갖지 말라 하는 건가요.

상대방이 아니라
내가 불편하기 때문이지요.
또
미운 감정을 갖는 동안은
상대방을 생각하느라
자기 인생 설계를 못 하기 때문입니다.

그래서
몰아서
미워하고
미워하는 데
시간낭비 말라고 하는 것입니다.

삶의 의미

유기수는 출소일을 기다리면서
하루하루를 보내지만
무기수들은
삶의 의미를 생각한다.

고 신영복 선생의 말씀이다.

의미 없는 삶은
하루가 길고 지겹기만 하다.
심리학자
Victor frankle
그는
탁상물림 학자가 아니라
독일군 수용소에서
갇혀있던 사람
하루하루
죽어나가는 사람들을
보면서

강제노역에 시달리면서
살았던 분인데

그 와중에서도
삶의 의미를 추구해서
생존자가 되었던 분이다.

죽음의 골짜기를
가면서도
삶의 의미의 끈을
놓지 않았던 분

바꿀 수 없는 몸

살려고 그토록 애썼는데

정신적 육체적 병을 얻은 사람들을 두고 하는 말이다.

대부분의 사람들이
겉으로는
별일없이 잘 지내는 듯이 보이지만
속으로는
살얼음판을 걷듯이
자기 한계를
넘나들며
살고 있다.

마치
하루살이 인생인 양

그런데

이렇게
자신을 극한까지 몰아붙이면
결국에는
쓰러지고 만다.

오래전
중고차 하나를 구입했다.
차에 대해
너무 모르던 터라
무조건
장시간 몰았더니
달리다가
엔진이 꺼져버리는
불상사가 생기곤 했다.

나이 든 차들은
쉬엄쉬엄 몰아야 하는데

인생 역시
그러하다
나이 들수록
쉬엄쉬엄
가야 한다.

젊은 시절은
경주마처럼
달려도 되지만
나이 들면
노새처럼
터벅터벅 걷는 게 좋다.

차는
돈이 있으면
바꿀 수 있지만
사람의
몸은 바꿀 수 없다.

역사공부

우리나라의 국제관계에 관심이 생겨서
몇 달째
중국 일본 러시아 미국 북한 역사를 공부하고 있다.
그런데
역사는 그 민족의 심리적 유전자를 알 수 있는 것이기에
그런데
공부하면서
각 나라의 속내가 보이고
그동안
내가 편견 속에 살아왔구나 하는 생각이 들었다.
어느 나라나
고단한
서민들의 이야기가 나오고
왕들의 이야기가 나온다.

그런데
공통적인 것은
국민들이 깨어 있어야

폭정을 막을 수 있다는 것이다.

공부가

서민들의 가장 강력한 무기란 것이다.

요즘

방송을 보면

거의 오락프로이거나

편중된 보도 일색

국민의식을 잠재우려는 것인가 하는 우려가 들 정도이다.

잔소리가 늘은 것을 보니

꼰대가 됐나 보다.

건강한 교육

사람이 건강하려면 어떻게 해야 되는가?
답은 교육이다.
사람을 교육 없이 키우면 어떻게 될까?
인간을 태어나자마자
아무런 교육 없이 방치해 두면
사람다운 모습을 가지지 못한다고 한다.
사람이 사람답게 살게 하려면
사람답게 사는 법을 가르쳐야 한다.

간혹
잘못된 교육이 있다
아이들을 총알받이로 키우는 자들
남미에서처럼
아이들을 살인자로 양성하는 교육
혹은
아이들에게 노예처럼 살 것을 가르치는 교육
우리나라처럼
돈 벌고 출세하면 된다고

가르치는 교육들

인성을 무시한 교육은
사람을 영장류가 아닌
파충류나
포유류에 머물게 한다.

간혹
유명인사 자식들이 벌이는 짓들이
벌레만도 못한 놈들이란 욕을 먹는 것은
실제
그 아이의 뇌가 파충류 단계라서
그렇단다.

한 사회가 건강하려면
영장류의 인간들이 많아야 한다.

파충류나 포유류 과가 많아지면

미얀마 군부처럼 된다.
포악하고 잔인한 괴물들이 되는 것이다.

아이들이
사람이 되느냐
괴물이 되느냐는
어린 시절 교육이 중요하다.

이태석 신부는 남수단의 아이들에게
사람이 되는 길을 알려주었다.
그래서
그 아이들은
지금 남수단의 기둥들이 되었다.

우리는 어떠한가.
우리는
지금
아이들을 어떻게 키우고 있는가.

사람으로 키우고 있는가.

아님

벌레 짐승으로 키우고 있는가.

다행히도

건강한 아이들의 숫자가

더 많은 듯하긴 하다.

인생 성공

인생에서 성공하려면
가벼이 길을 가라.

가끔 세상 고민을 혼자 다 하는 것처럼
얼굴에 수심이 가득한 사람들을 봅니다.
그런 사람들은
대체로 생각이 많습니다.
문제는
생각이 많으면
오히려
답을 찾기 어렵다고 합니다.

산을 오르는데
온갖 짐을 다 진 사람들은
정상에 오르기가 어렵습니다.
산을 잘 타는 사람들
여행을 잘하는 사람들은
가벼이 길을 갑니다.

마찬가지로
인생길을
잘 가려면
생각의 짐을 줄일 필요가 있습니다.

고민해도
해결이 안 되는 것은
내려놓아야 한다는 것입니다.

그런데도
온갖 짐을 다 지듯이
온갖 생각을 다 짊어져서
생각에 짓눌린 사람들이
너무나 많습니다.

용서

마음이 관대해야 용서가 됩니다.
관대해지려면,

관대하지 못한 자신을 이해하세요.
남을 용서 못 하는 자신을 이해하세요.
매번 같은 죄를 짓고 사는 자신을 용서하세요.
늘 믿음이 흔들리는 자신을 이해하세요.
기도보다 놀길 좋아하는 자신을 이해하세요.
성경 묵상보다 드라마가 더 좋은 자신을 이해하세요.

자기가 자기를 이해하지 못하고
미워하면
눈에
독기를 품게 됩니다.

낮은 자리

오래전
외국인들은 다 친절하고 예의 바른 줄 알았던 순진한 시절
처음 나간 여행 중 혼자 싱글거리고 다녔는데
첫 여행부터
불친절하고 심술궂고 수준 낮은 것들을
조우하였습니다.
외국인들에게는 화낼 일이 없을 줄 알았는데
나이 들어가면서
외국인들에게 화낼 일이 많아집니다.
트럼프를 위시한
아베 에르두안 시진핑 두테르테 등

선진국보다는
후진국으로 갈수록
사람들이 착하고
계층이 낮아질수록
욕심들이 없음을 보면서

내 편견인가 하면서도
낮은 자리의 사람들에게 정을 느낍니다.

총알택시보다 무서운 ㅎㅎ

오늘 총알택시보다 더 무서운 택시를 탔다.
연세 드신 아주머니 기사분
올림픽대로 달리는데
가장 느리게 간다.
흘깃 보니
안경 알 닦으시랴
이마 땀 닦으시랴
운전대 잡은 손도 흔들
헉
내가 대신 운전하고 싶었다.
올림픽대로에서 70킬로 저속 주행하는데
얼마나 불안하던지

초보운전자 실력인 것 같은데
후덜덜
빠른 것보다
느린 게 더 무섭다는 걸 처음 알았다.

늙어가는 마음

길을 가는데
뒤에서
오던 사람들이
하는 말
내가 60이 되어보니 말이지.

ㅋㅋㅋ

핑계를 대는 사람들

포기하려고 하면 핑계거리만 만들려고 하고
실행하려고 하면 방법을 찾는다.
낭만닥터 김사부란 드라마의 대사 중 일부입니다.

들으면서 맞아 하는 소리가 절로 나더군요
본당사목하면서
여러 가지 이유로 핑계를 대는 사람들을 보았습니다.
이건 이래서 안 되고
저건 저래서 안 되고
들으면서 공감이 가는 것이 아니라
그래서
어쩌라구 시벌노마 하는 소리가 절로

그건 이렇게 하면
어떨까요
방법을 제안하는 사람들은
기분마저 상쾌하게 해줍니다.

꼭 덜 여물고 덜 떨어진 것들이
핑계질은 열심히 해서
일하려는 사람 기분 잡치게 합니다.
시벌놈들입니다.

헐값

삶은 나를 자꾸 헐값에 팔게 한다.
페친 김정란 님의 글 중에서
나온 말
읽을수록
가슴이 짠하고 먹먹하다.
오래전 백수시절의
기억이 불현듯 떠올라서이다.
할 줄 아는 게 없다는 무능력감
할 수 있는 게 없다는 무기력감에
시달리며
살았던 기억
그때
나는 나를 스스로
천대했다
나 같은 게
할 줄 아는 게
뭐가 있을까
누가

나 같은 놈에게 돈을 주고
일을 시킬까
정신적으로
밑바닥을
구르며
헤매었던
춥고 외로운 기억

그러나
마음 깊은 곳에서
이대로
끝낼 거야 하는
힐책하는 소리가 들려왔고
그래서
암벽을
오르듯이
살아왔고
겨우

헐값에서
벗어나게 되었다.

거꾸로 보는 종교

초판 1쇄 2025년 3월 24일
초판 발행 2025년 3월 31일

지은이 홍성남
발행인 김재광
편 집 바다, 임성희
디자인 임성희
발행처 솔과학
등 록 제10-140호(1997년 2월 22일)
주 소 서울특별시 마포구 염리동 164-4 삼부골든타워 302호
문 의 전화 02-714-8655 팩스 02-711-4656
         E-mail_ solkwahak@hanmail.net

ISBN 979-11-7379-009-6 03230

Copyright ⓒ 2025 홍성남
이 책은 저작권법에 따라 보호받는 저작물이므로 무단전재와 복제를 금지하며,
이 책의 내용의 전부 또는 일부를 이용하려면 반드시 저작권자와 솔과학의
서면 동의를 받아야 합니다.

※ 잘못된 책은 구입하신 곳에서 교환하여 드립니다.
※ 책 가격은 표지 뒷면에 있습니다.